# そしてフェイク経済の終わりが仕組まれる

T-Modelで読み解く未来の予想図

理系アナリスト
塚澤健二

ビジネス社

# はじめに　「T-Model」誕生までの道程

## 必要とされるのは確度の高い未来予測を提供できる経済アナリスト

どの分野においてもプロフェッショナルと認知される者は〝独自〟の方法論を開発し、それを駆使することで際立った実績をあげている。

私が身を置く経済アナリストの世界にも本物のプロフェッショナルとそうではない自称プロが混在する。数少ない前者は「過去と現状の説明にとどまらず、的確に未来を予測する」アナリストである。

そして、その時期を明確に示さない予測には意味がない。そうしなければ予測が当たったのか外れたのかの検証ができないからだ。生活防衛のために資産を減らしてはならない人たちにもっとも必要とされるのは、確度の高い未来予測を提供できるアナリストにほかならない。

口幅ったいが、私はそういうアナリストを本気で目指した。それが自分の使命だと任じた。

人間は目の前に起きる事象や事件を見てから世の中の変化に気付くものだが、実際にはそれより前に〝予兆〟となる出来事が数多く起きているわけである。

私自身もこれまで数々の幻想にとらわれて、数々の間違いを繰り返してきた。そうした経験を重ねた果てに、現在ではより確度の高い予測が行えるようになったという気がする。

失敗を重ねたからこそ、経験の重要性を認識できたし、また確かな歴史観に基づいて世界と日本を相対比較していく視点を得ることができた。

その視点に基づいて、さまざまな経済・社会現象のなかから普遍的な法則を見つけ出し、それを未来予測に結び付けていくという独自の方法論を獲得できた。

その独自の方法論のカギとなるのが、アナリスト生活のなかで私が開発してきたツール、「T-Model」である。

T-Modelの「T」は、私の苗字であるTsukazawaの頭文字「T」から取ったが、そこには同時に「TIME（タイム&タイミング）」「THEORY（斬新な考え方）」「TRUTH（真理の探究）」という3つの概念も含まれている。

マーケットで勝つためには、売買の「時期」と「価格」がもっとも重要だが、同時に、Logical（論理的）、Simple（簡潔）、Different（他と違う少数意見）を旨とする「LSD」論理も必須である。この3つの「T」と「LSD」理論こそがT-Modelのキー・コンセプトとなっている。

そのT-Modelの分析ツールの1つであり、未来を的確に予測するのが「T2（T-Trading）」だ。物理学の「エントロピーの法則」を応用してエネルギーを数値化した3次元の市場分析モデルである。

## エントロピーの法則で成り立っている株式市場

T-Modelが生まれるきっかけを記すためには、私の半生を振り返らなければならない。

1984年、北大の工学部を出た私が日興證券に入社後、初めて就いた部署は畑違いのリサーチ部門であった。いまだから白状するのだが、なかなか仕事に馴染めなかった。

もやもやしているなか、たまたま会社の書庫に山積みとなっていた『30年チャート』なる資料を見つけた。その膨大な量に驚きながらも丹念に読み込んでいくと、株、為替、コモディティのマーケットが、ある法則をなぞっていることに気付いた。

これは私が尊敬するあるマーケティングの第一人者の理論、要は、情報やブーム普及の段階を表す「2乗の法則」であった。

株式をはじめあらゆるマーケットの連鎖は、マーケット全体の約1％のごく一部の人々の間でささやかれる「アントレプレナー期」、3％の「イノベーター期」、9％（3％×3）の「オピニヨン期」と移行していく。そして81％（9％×9）の「マス層（大衆）」に波及することによって、マーケットは爆発する時期を迎える。

その後は6％の「レイター期」に進み、計5段階で終焉を迎える。要するに、ほぼ「2乗の法則」で波及しながら、顧客が顧客を呼ぶ構造になっているわけだ。

この2乗の法則を頭に叩き込んでおけば、たとえ81％の「マス層」で買ったとしても、自分なりに大台替えを分析できるので、急落前に売ることで、先に半分でも利食いできるはずだ。

これはよく考えたら、物理における「エネルギー・エントロピーの法則」のグラフと非常によく似ているわけである。

株もエントロピーの法則で成り立っているのではないか。株をエネルギーとして計算できれば、未来を的確に予測できるのではないか。そんな発想が湧いた。先にふれたように入社1年目、けっこう新人として煮詰まっていたときのことであった。

ところが、その後長らく多忙なアナリスト生活が続いたために、その発想を数値化した市場分析モデルをつくる時間がひねりだせなかった。

ただ、常に頭のどこかにその発想がチカチカと点滅し続けていて、頭の抽斗を開けては、いつかこれをモノにするぞと腕撫していたものである。

ようやく温めてきたアイデアを孵化する段階が訪れたのは、２００７年にＪＰモルガン証券を辞めたときであった。どうすればエントロピーの法則を応用して株の未来を予測できる計算式を編み出せるのかを考察し続けた。

２００９年、ふっと閃《ひらめ》いた公式があった。大仰でなく、〝天啓《てんけい》〟かと思った。たまたま風邪をひいていたが、ここは正念場、熱を出しながら3日間徹夜して、計算式をつくりあげた。

ところが、その計算式が示すデータをどう使っていいか、どう解釈すればいいのかがわからない。そこで死に物狂いで考えて完成させたのが、世界で唯一と断言できる「独自チャート」であった。

したがって整理すると、「T-Model」の発想をえたのが１９８４年、「T2-Model」の計算式ができたのが２００９年、弾き出したデータの解釈をゆるぎないものにできたのが２０１１年だったから、人生のほぼ半分を費やしたことになる。

日々ブラッシュアップに努めた結果、完成度も非常に高くなり、「T2-Model」で弾き出した株式、債券、原油、ゴールドなどさまざまなアセットについての予測は、いまでは80数%の確率で当たっている。

## エネルギーの観点が抜け落ちている通常のチャート分析

私が提示する「T2-Model」のチャートは通常のチャートとはまったく異なる。なぜなら奥行きがあるからだ。

一般のアナリストが行うチャート分析は「価格」と「時間」の2次元の世界であり、「レントゲン」のように影を映して市場を分析しているにすぎない。表面づらをなぞっているのみである。つまり、そのうしろに存在するエネルギーの部分が抜け落ちている。

わかりやすく指摘すれば、通常のチャート分析は、本来は価格と時間とエネルギーの3次元の立体から分析しなければならないところを、わざわざ価格と時間のみの2次元に端折っているから、人々をおかしな方向へ導く。

通常のチャートがたびたびミステイクを犯すのにはそれなりの理由がある。立体で考えるべきものを平面で考えてしまうため、奥行きに存在するエネルギーの大きさがそれぞれ異なっているのに、すべて同じものとして認識するからである。

それに対して「T2-Model」はCTスキャンやMRIのように3次元で市場を分析しているので、チャート分析によくある「騙し」のようなものが格段に少なくなった。

短期・中期・長期のエネルギーを算出することで「上値目標値」や「下値目標値」を導き、短期と中期、中期と長期のエネルギーの「歪み」を売買のタイミングとするものだ。

これから紹介するグラフでいうと「○」でマークされている箇所がその「逆転現象（歪み）」の時期を示している。

たとえば週足ベースでの「T2-Model」は2週間先までを予測し、月足ベースでの「T2-Model」は2ヵ月先までを予測している。そして年足ベースでの「T2-Model」分析は2年先までを予測するものである。

「TIME（タイム&タイミング）」を間違えると、株投資でいうと高値で買って安値で売ることを繰り返してしまう。

そうならないように確固たる「先行指標」を持つことが必要となる。先行指標を持っていれば、いつ買えばいいのか、いつ売ればいいのかをあらかじめ想定できるようになる。想定できれば、心の準備ができるから「Time」を間違えることはない。

## 売られ過ぎ、買われ過ぎは短いエネルギーの仕業

通常のチャートを利用して予測を立てるアナリストやエコノミスト、経済評論家が多くいる

のだが、彼らの予測がどうしてもずれがちなのもそこに理由がある。そもそも立体が3辺なければ成立しないところを2辺で予測すること自体に無理があるわけだ。

通常のチャート分析で、このパターンだから多分こうなるだろうと予測したのにそうはならないことが起きるのは、もう1辺の出来高というエネルギーを合体しないために市場に騙されてしまうからだ。

たとえば、株であれば時価総額という指標があるけれど、時価総額にはエネルギーがない。エネルギーとはそのときの勢いが入っているから、加速度が重要になってくる。

「F＝ma」という物理の基本公式をご存知だろうか。重さに加速度を掛けて出てくる値が力であり、すなわちエネルギーを表す。したがって、極限までシンプル化して言えば、私は常にこのFを計算しているわけである。

エネルギーには短いエネルギー（時間）と長いエネルギー（時間）がある。短いほうから日足、週足、月足、年足と長くなっていき、これを比べるのである。

通常は長いエネルギーのなかに短いエネルギーがある。短いエネルギーは行き過ぎて（買われ過ぎ）上に出たり、下に出たりして変化する。

グラフのなかで「○」をつけているのが、短いエネルギーが異常に働いているところだ。これは売られ過ぎ、買われ過ぎの場面であることを示している。

具体的には、日と週の組み合わせは、先行き2週間の予測ができる。週と月だと2ヵ月、月と年だと2年という具合に予測期間が違ってくる。

日足、週足、月足とすべて同じやり方で計算して予測する。

どんなチャートであろうが、たとえば2週間でも上下があるものだ。

つまり、上に行き過ぎたものは下に振れる。逆に下に行き過ぎたものは、上に行く。この繰り返しなのである。

## 日経平均が2万円割れまで下落する可能性も

先にも述べたが、日足と週足ベースでの「T2-Model」は2週間先までを予測し、週足と月足ベースでの「T2-Model」は2ヵ月先までを予測している。そして月足と年足ベースでの「T2-Model」分析は2年先までが予測できる範囲となる。

たとえばチャート「日経平均（週足）とT2」についてはどう読めばいいのか。

2本のラインは月足高値と月足安値の予想だ。この2本のラインのなかに日経平均がおさまっているならば、相場は安定している。

## 日経平均(週足)とT2

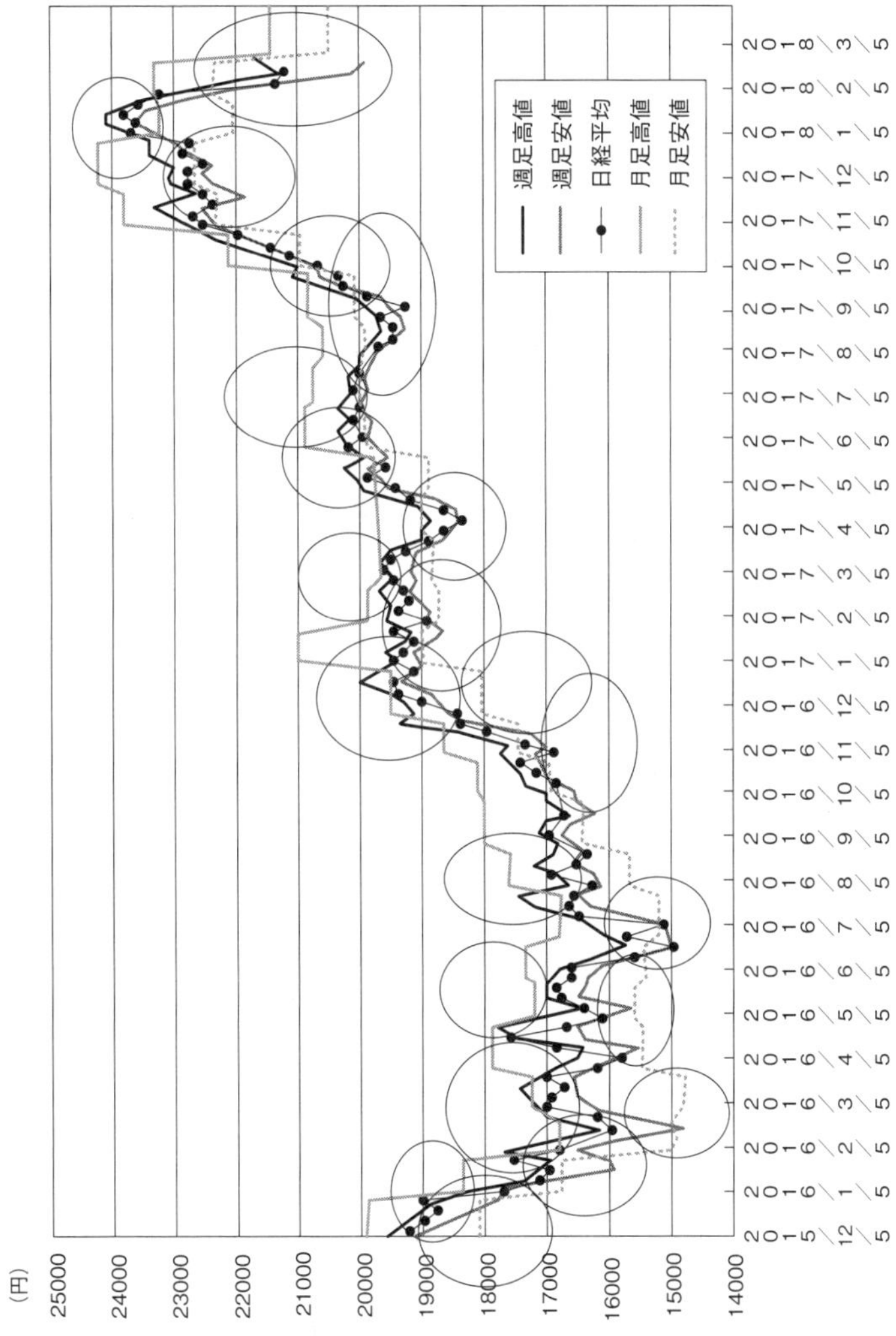


出所：T-Model

ところが、売られ過ぎの状態、買われ過ぎの状態のところでは「○」が出てくる。現在は反発して月足高値を超え買われ過ぎの状態。このエネルギーに勢いがあれば続くのだが、どこかでエネルギーはなくなる。そうなると、下落しなければならず、今度は月足安値の下に入ってくる「二番底」が待っている。月足安値が現在、2万300円台まで低下していることから2万円割れが起きる可能性も否定はできない。

「日経平均（月足）とT2」も同様だ。私がT2で弾き出した予測値の年足高値と年足安値のなかにいれば、相場は安定状況にある。

しかしながら、2016年前半をみると、年足安値よりも下落した。これは下に売られすぎの状態を示しているわけだから、上昇に転じる可能性が高まる。具体的には、2016年初から2018年初まで私が予測した年足高値と年足安値のあいだに入ってくる時に買いチャンスとなる。

逆に、2年間の年足高値と年足安値の予測が2年連続で下がっているときは、年足安値で買っても意味がない。なぜなら、年足高値を突破して上がってもすぐに下落し、今度は年足安値の下に向かってしまうという下落パターンであるからだ。

したがって、年足でみるかぎり、17年初から11月までの上昇の勢いが止まって、一時的に、18年の年足安値の2万1700円割れまでの調整が訪れたのが現状で、この2月に起きた暴落はそれが訪れただけである。

極論を言えば、相場とはこの繰り返しなのだ。

「T2-Model」で予測するために完成した公式は当然ながらブラックボックスなのだが、それにあるデータをはめ込むだけで、市場に関する予測数値がどんどん生成されてくる。そこには自分の感情は微塵も加わっていない。

本書の読者には、はめ込むデータのなかには株価と出来高が入ってくると申し上げておこう。出来高を重視するアナリストはあまりいないと思うが、先にふれたとおり、出来高を1つのエネルギーとして捉え、3次元の立体で相場を分析するのが私の流儀であるからだ。

そうした株価、出来高、その他いくつかの数値をまとめ、私が編み出した変数を掛け合わせるのだ。そしてその変数は株であれ、債券であれ、コモディティであれ、すべての相場に使う。すべて同じ変数にしないと意味がないからだ。

自慢めいていて恐縮なのだが、「T2-Model」で弾き出した予測の8割以上が当たっているという事実は、「T2-Model」の考え方が正しいことを証明しているはずである。

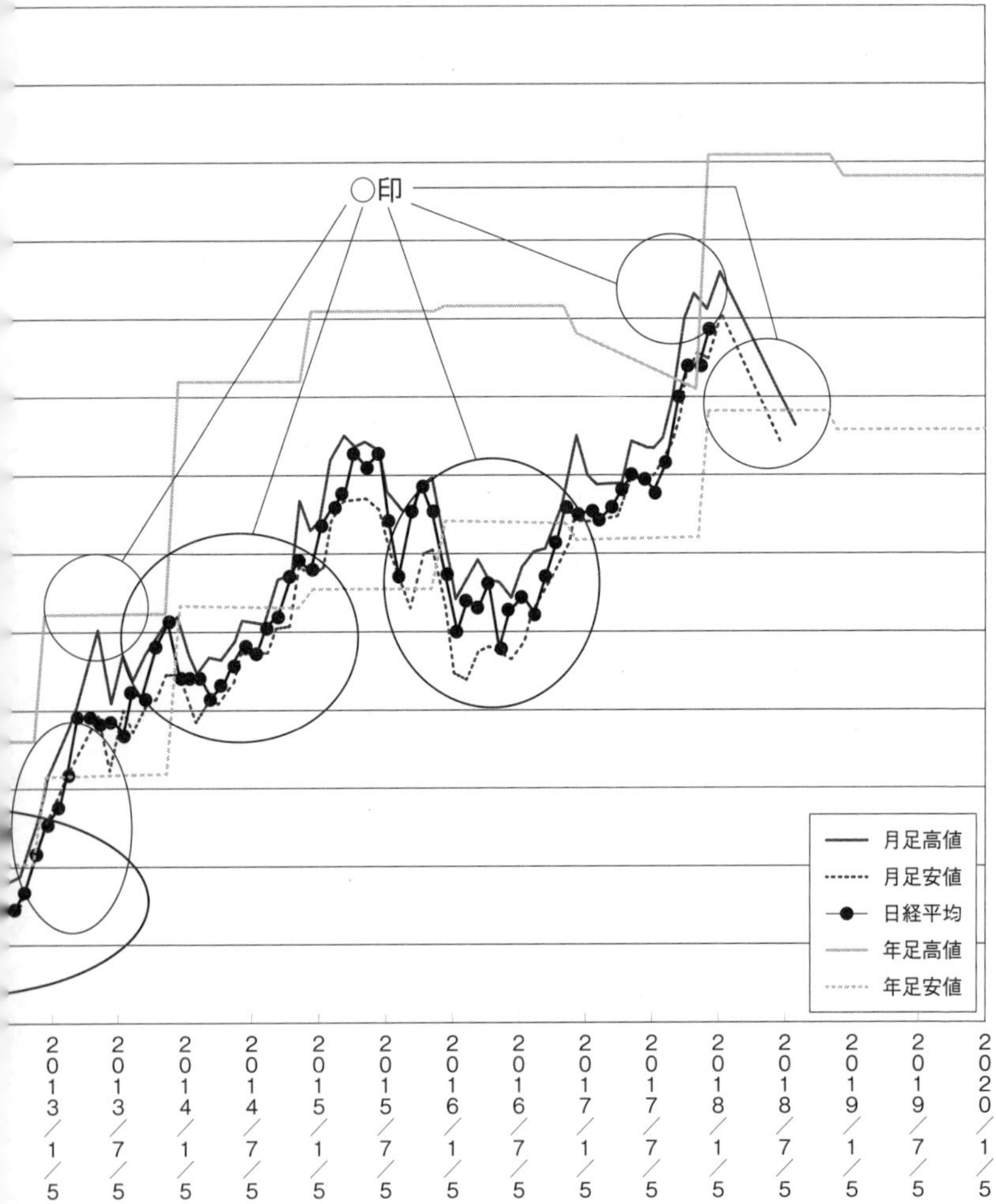
○印
月足高値
月足安値
日経平均
年足高値
年足安値
2013/1/5
2013/7/5
2014/1/5
2014/7/5
2015/1/5
2015/7/5
2016/1/5
2016/7/5
2017/1/5
2017/7/5
2018/1/5
2018/7/5
2019/1/5
2019/7/5
2020/1/5

## 日経平均(月足)とT2

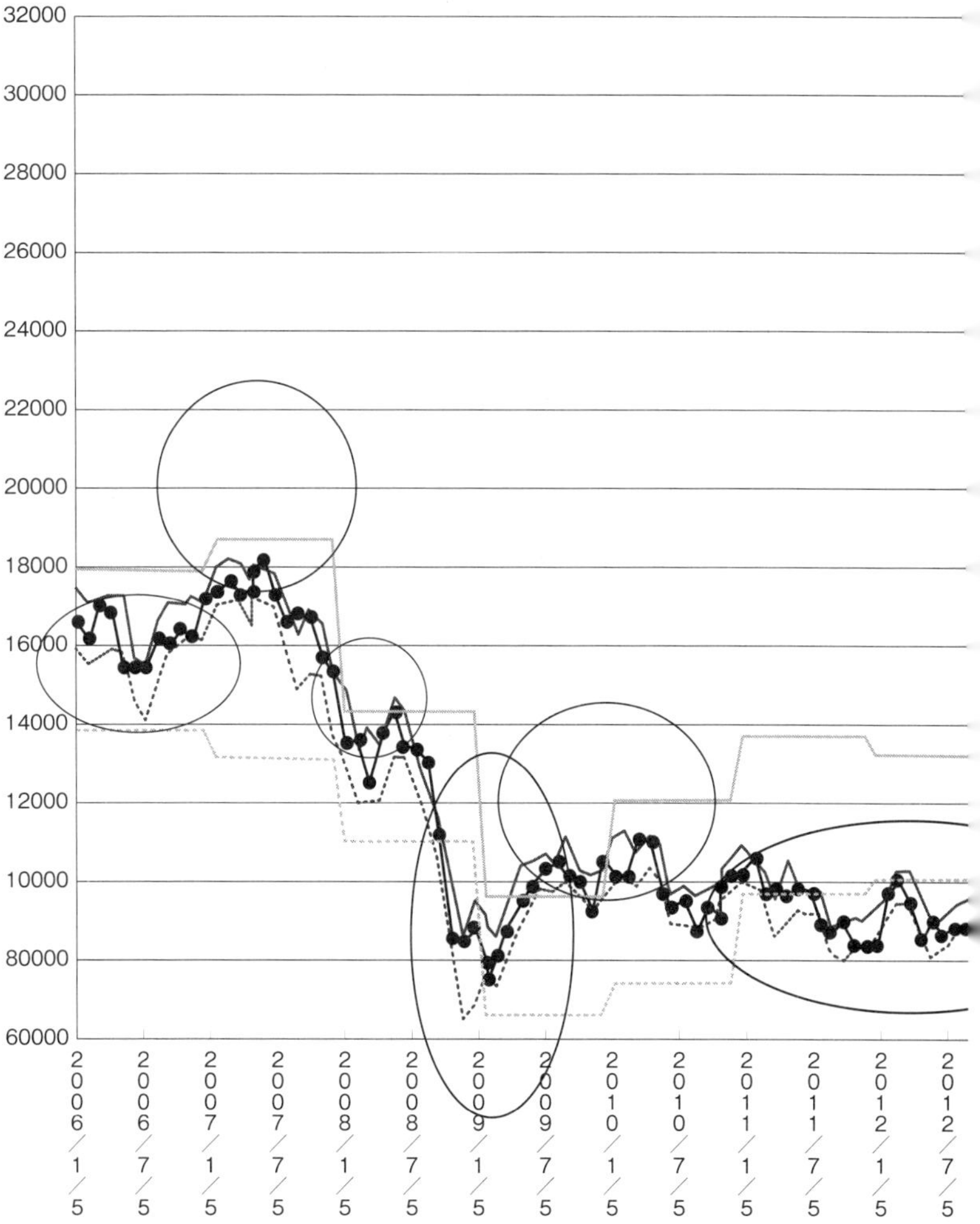
32000
30000
28000
26000
24000
22000
20000
18000
16000
14000
12000
10000
80000
60000
2006/1/5
2006/7/5
2007/1/5
2007/7/5
2008/1/5
2008/7/5
2009/1/5
2009/7/5
2010/1/5
2010/7/5
2011/1/5
2011/7/5
2012/1/5
2012/7/5

# はじめに　「T-Model」誕生までの道程



# 第1章　コテンパンにやられる日本人投資家

## 第2章
## 過去のジンクスを覆す米国の実相

## 第3章 フェイクで成立する米国経済

## 第4章 見かけ倒しの欧州経済



## 第5章 平均成長率1・4％でしかないアベノミクスの正体

## 第6章　劣化していく日本

## 第7章　先行指標を探しだせ！

## 第8章 ビットコインなのか金なのか



## おわりに

# 第1章

# コテンパンにやられる日本人投資家

## 2種ある外国人投資家を混同してはならない

昨年10月24日、日経平均株価は終値2万1805円17銭となり、過去の最長続伸記録を2日上回る、16連騰を記録した。従来の記録は1960年12月から61年の1月にかけての14連騰で、実に57年ぶりの記録更新であった。

この16連騰についてはけっこうメディアが話題にしていたので、覚えておられる方も多いだろう。加えて、景気のいい話だから、さぞや日本国内の投資家は潤ったのではないか。そう思われた方もいたかもしれない。

だが、この16連騰を含めた9月第2週からの日本株上昇場面において、国内投資家は蚊帳の外にいた。こうした上昇期で国内の証券各社の株価が下落傾向にあったのはその証左であろう。売買の構図は、日本勢が圧倒的に「売り」、海外勢が圧倒的に「買い」にまわるというものであった。

外国人投資家は10月第2週まで3週続で1兆3000億円の買い越し、売買代金の7割を占めるほどの猛威をふるった。日本の株式市場はいわゆる「ウィンブルドン現象」（門戸開放の結果、外国勢が国内の市場を占有すること）に染められたわけだが、ここで留意しなければならないのは、

## 外国人買い（累計）と裁定買い残

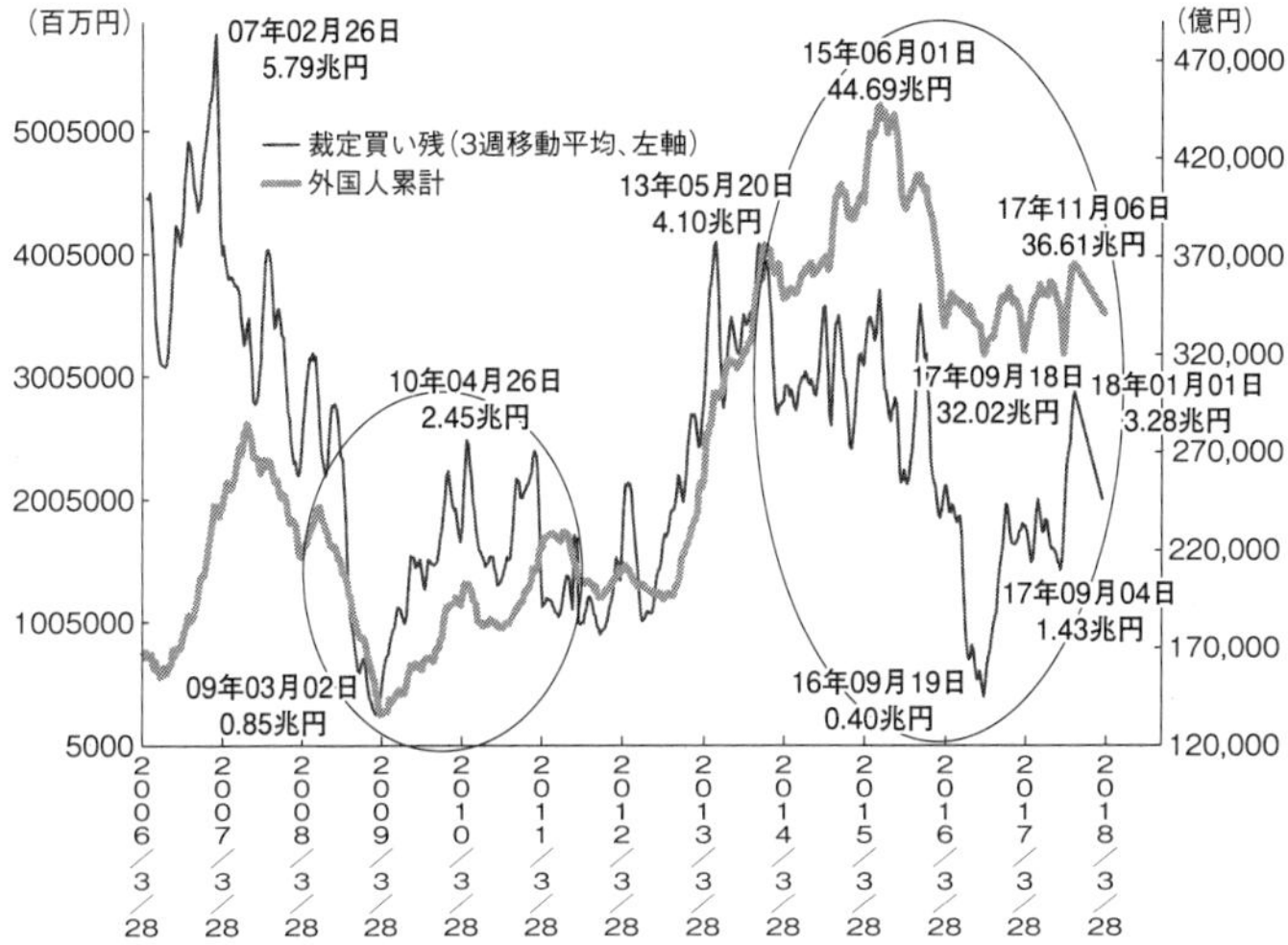


出所：T-Model

上げ相場の途中で〝主役〟が入れ替わっていたことだ。

どういうことなのか。

よく日本のメディアは「外国人投資家」という言葉を使っているが、実際にはハゲタカといわれる米系ヘッジファンドが中心となる「外国人投機筋」と、欧州系投信・ファンド中心で個別株を買って長期的に投資する「外国人実需筋」、この両者に大別される。

「外国人買い（累計）と裁定買い残」のチャートをみると、いかに両者の動きが違うかがわかる。投機筋は動きが断然早く、実需筋はたいてい出遅れる。

外国人投機筋の手口とは、株価を上げるだけ上げて、高値で売り抜くことにほかならない。彼らの露骨な動きをたどってみよう。

2007年2月に5兆7900億円まで「裁定買い残（先物売りで現物買いの残高）」を膨らませたのを、リーマン・ショック後の2009年3月には7分の1の8500億円まで減らしている。

アベノミクスが始まった2013年5月には4兆1000億円まで裁定買い残を増やして、株価吊り上げにかかった。その後これを売り崩して、2016年9月には4000億円台まで圧縮した。

2016年末に日経平均が1万9000円台まで上昇したのは、外国人投機筋が先物買いで裁定買い残を約2兆円まで伸ばしていったからである。そこからしばらく休んで、2017年9月4日には1兆4300億円まで減らしたけれど、9月第2週から移動平均ベースで2兆5000億円まで買い込んだ（最終的には12月末まで約3兆3000億円まで買い進んでいる）。

以上のように、昨年9月に日本の株価を上げたのは明らかに外国人投機筋であった。ところが10月になると先導役が替わった。日本株吊り上げの主役になったのは、今度は「外国人実需筋」であった。

彼らは2015年6月に日本株を44兆円まで買い進めたものの、2016年9月には32兆円まで圧縮していた。それが外国人投機筋に遅れること1ヵ月、外国人実需筋が慌てて日本株を買い上げ出した。

要は、行動を起こすのに１ヵ月もタイムラグがあるのだから、日本のメディアのように「外国人投機筋」「外国人実需筋」を一括りにしては駄目だということである。

２０１６年終盤のトランプラリーのときも同様であった。「外国人投機筋」が早々と動くなか、「外国人実需筋」の日本株投資額は10月から12月までほとんど増えていなかった。

メディアや市場関係者が勘違いをするのは、「外国人実需筋」が動き出すと投資額のボリュームが一気に増えるからだと推測するが、われわれが注目すべきは〝先行指標〟である、「外国人投機筋」の動きということになる。

先にもふれたとおり、「ハゲタカ（外国人投機筋）」は株価を上げるだけ上げて、高値で売り抜けようとする。ババを引かされるのは日本株高相場で「売り」に回った日本勢のほうである。買い越しているのは外国勢だけで、国内機関投資家も個人投資家も大量の売り越しで、しかも空売りをしている。空売り組は、最後には買い戻しさせられるので、大損する可能性が高い。したがって、これまで売り越してきた人たちが買わざるを得ない状況に追い込まれることになる。残念ながら、私はそのときが今回の日本株相場が〝天井〟をつけるときだと考えている。

そしてそのときに「外国人投機筋」は猛烈な売り仕掛けをしてくるはずである。

これまでも何度か日経平均がピークをつけると、彼らは急激に売り浴びせてきたことから、今度も虎視眈々とタイミングを計っているにちがいない。今回の2月の暴落で裁定買い残は1月第1週の3・4兆円から2月第3週1・7兆円まで1・7兆円の大幅減で半減しており、外国人投機筋が売り仕掛けを仕掛けたことが明らかになった。ただ、今回の売り仕掛けは地震に例えるならば〝予震〟に過ぎず、近い将来、本格的な売り仕掛けをする時期が待っていることを忘れてはならない。

## 衆院選勝利のために行われた日本郵政株の第2次売り出し

そもそも日本株が上昇する相場が現出する契機は何だったか？

2017年9月1日、突然発表された日本郵政株の第2次売り出し（放出）であった。翌2日の日本経済新聞一面に『郵政株、9月中にも追加売却　財務省、最大で1・4兆円』の見出しが躍った。以下はその本文である。

『財務省は1日、9月中にも保有する日本郵政株を追加売却する方針を固めた。売却は2015年11月新規株式公開（IPO）以来、1年10ヵ月ぶり。売り出し規模は最大1兆4千億円で、収益は東日本大震災の復興財源に充てる。日本郵政を巡っては豪物流子会社の巨額損失計上などで当初予定していた7月の追加売却を延期していた。

週明けに引受シンジケート団の説明会を開き、手続きを進める。財務省は追加売却を担当する主幹事証券を３月に選定済みだ。

政府は郵政株の約８割を保有しており、郵政民営化法ではできるだけ早く保有比率を３割超まで下げると定められている。15年の株式公開時には約２割相当を売り出し、１兆４千億円の収入を得た。９月中にも実施する追加売却を含めあと２～３回に分けて放出し、22年度までに計４兆円の収益を確保して復興財源に充てる計画だ。

計算上、郵政株が１２３０円を上回っていれば４兆円の目標ラインは確保できる。１日の東京株式市場で郵政株の終値は１３７１円。初回の売り出し価格である１４００円を下回るものの、日経平均株価が２万円の大台に近い水準で推移するなど比較的市場の動きが底堅く、投資家の需要を見込みやすい地合いだと判断した。政府は売り出しのタイミングや規模については今後の株価の推移を見極めて最終判断する』

私は２０１７年10月22日に行われた衆議院解散総選挙について、まずは日本郵政株の第２次売り出し決定ありきで、これを契機に前回同様、幹事証券に株価吊り上げをさせる。株価上昇に〝便乗〟して内閣支持率を上げるという安倍政権の必勝パターンに入ったと捉えていた。

ところが、実際にはその順序は逆であった。関係者から聞いた話では、最初に衆議院解散総選挙のスケジュールが決まっていたそうだ。

しかしながら、選挙に勝つためにはやはり株価を上げなければならず、そのためには日本郵政株の第2次売り出しがうってつけであった。

ここでどうしても株価を上げて選挙に勝ちたい安倍政権は、日本郵政株の追加売り出しの決定権を持つ財務省と〝手打ち〟をしなければならなかった。財務省と「バーター取引」したのは、2019年の10月の10％の消費増税の実行であった。

このバーター取引が成立したから、9月1日、藪から棒に日本郵政株の第2次売り出しが発表されたわけである。

2015年11月、日本郵政グループ3社の上場日決定から上場まで3ヵ月の猶予があったのに対し、今回の日本郵政株の第2次売り出しはその間1ヵ月と短かった。それでも2015年11月のときと同様、売り出し価格決定予定日の9月25日から27日（決定は25日）に向けて、幹事証券による猛烈な株価吊り上げ操作が行われた。

ちなみに国内主幹事は大和証券、野村證券、みずほ証券、三菱ＵＦＪモルガン・スタンレー証券。海外はゴールドマン・サックス証券、メリルリンチ日本証券。こんな顔ぶれであった。

## すべては安倍政権の衆院選・勝利のために仕組まれた

昨年10月、56年9ヵ月ぶりに日経平均株価は連騰記録を塗り替えたわけだが、2012年末の第2次安倍政権発足以降、これを含めて5度も記録的な連騰をみている。

**16連騰**　2017／10／2〜10／24
**12連騰**　2015／5／15〜6／1
**9連騰**　2014／8／11〜8／21
**9連騰**　2013／12／17〜12／30
**8連騰**　2013／2／28〜3／11

皆さんに知ってほしいのは、この2017年10月2日からの16連騰のときと、前回の2015年5月15日からの12連騰のときのパターンが酷似していることだ。

1つにはこれまで述べてきたように、上げの原動力が圧倒的に海外勢であったということ。外国人機関投資家は年単位の運用成績が評価につながるため、相場の流れに乗る「順張り」が多い。つまり上値をがんがん買っていくので、連騰記録をつくりやすい。膨大なデータを調べて市場トレンドを見つけ出し、株取引に応用する100％人工知能ヘッジファンドも一役買っている。

だから私に言わせれば、16連騰したからといって、外国人投資家が存在しない57年前の大昔の記録と比較しても何の意味もない。先にもふれたとおり、この16連騰は外国人機関投資家が動いて達成したもので、日本人や日本の機関投資家は逆張りをしていたのだから——。

一方、日本の個人投資家を動かすのは、安いか高いかという水準感だ。

なぜそうなるのか？　米国、英国、ドイツの株価指数が次々と最高値を更新するのに対して、上げ下げを繰り返している日本株に不信感を抱き続けているからだ。

世界的な株高状況のなか、この原稿を執筆している2018年2月中旬時点でさえ、日経平均は2万1000円台。昨年10月の日経平均はなおバブル期最高値の半値にとどまっていた。だから、株高の基調になってきても日本人投資家は「また下がる」と考え、売りに回るのである。

重ねて私が強調したいのは、前回2015年5月と今回2017年9月における政治状況が酷似していることである。いずれも強引な政治運営が祟って安倍政権の支持率がともに40％割れまで下落してきたときに、日本郵便株の売り出し（放出）が行われているのだ。

前回２０１５年５月から９月にかけては安保法案の成立があった。これには野党ばかりでなく、学生や主婦までもが国会前に押しかけシュプレヒコールを叫ぶような事態となったが、与党は、審議は尽くされたと数を恃みに成立させた。

その最中に日本郵政、ゆうちょ銀行、かんぽ生命の「日本郵政グループ３社の上場」が決まり、上場申請直前の６月24日に日経平均は２万９５２円のピークを打った。

２０１５年は元切り下げなどの「チャイナショック」で日経平均が急落した。だが、７月安値１万５１０６円をボトムに、郵政３社上場月の２０１５年11月高値１万９９９４円まで＋32％の株価上昇をみた。これは郵政３社上場に向けて幹事証券による株価吊り上げが行われたことが大きい。

今回はどうだったか。２０１７年４月から６月にかけては共謀罪の成立があった。これも２年前の安保法案の成立時と瓜二つ、国会を無視したような成立の仕方で、安倍政権に対する不信感がそうとう高まっていった。内閣支持率は急落し、40％を割った。

それで前述したとおり、安倍政権は急遽、２０１９年の10月の10％の消費増税の実行を財務省に約束、その見返りとして日本郵政株の第２次売り出し（放出）を求めた。

今回も前回同様、９月下旬の価格等決定日に向けて、手数料目当ての幹事証券による株価吊り上げが行われた。

安倍政権の思惑どおり、日経平均は上昇し、2万2000円をうかがう動きを見せた。これでまたもや株高で景気が良くなったと国民に〝錯覚〟させ、支持率はみるみる回復した。そして10月22日の衆議院総選挙は自民党の圧勝劇に終わった。

株価は上がり自民党は圧勝したが、株で儲けたのは何度も述べてきたとおり外国人機関投資家のほうであった。

2015年11月時の売り出し規模は1兆3800億円だったが、2017年9月の郵政株の追加売り出し規模も最大1兆4000億円と巨額である。2年前同様、その年の最大の「需給悪化要因」となる可能性は高く、その後の株価急落を招くのではないか。これについては次項で解説する。

いずれにせよ、昨年9月の郵政株の第2次放出は、安倍政権の延命のために利用されたわけである。

## 株式市場の需給悪化要因となる郵政株の第2次放出

株式市場の常として忘れてならないのは、日本郵政のような「クジラ企業」が上場することは、その後の「需給悪化」をどうしても招いてしまうことである。

実際、郵政3社上場後、２０１５年は12月高値２万12円→16年２月安値１万４８６５円まで約26％の暴落をみた。今回も「第２次売り出し」後に同様な株価下落が起きてもおかしくはないと２０１７年11月の「生活防衛の教室リアルセミナー」で指摘した。

なぜ日本の株式市場が暴落するのか？

先に記したとおり、日本郵政の第２次売り出しによって約１兆４０００億円が市場から吸い上げられたことで、市場の需給が非常に悪化、ひっ迫してしまうからである。けれども、相場は年初からさらに上昇した。１月の「ミニＳＱ」に向けて「外国人投機筋」が「裁定買い残」を積み上げて株価を吊り上げたためで、１月23日に２万４１２９円とアベノミクス以降の最高値を付けた。そのため市場関係者には「日経平均３万円説」を唱える人々が増えたが２月６日にはバブル期後の１９９０年以来となる一時、約１６００円安を記録して、２万１０００円台前半まで急落した。前日５日の米国株式市場でＮＹダウが１日の下げ幅としては過去最大となる１１７５ドル安を記録し、ガムシャラに買い進めて、日本株の相場を吊り上げてきた米系ヘッジファンドを中心とする「外国人投機筋」が日本株暴落の引き金を仕掛けたからである。

日経平均の下げ幅がＮＹダウよりも大きいこともそれを示しているが、この「外国人投機筋」を軽視した「日経平均３万説」がいかに机上の空論なのかがわかるだろう。そして２０１７年が２０１５年の相似形であったこれまでの説明も2月の暴落で証明された。

## 日銀の株式ETF買いもGPIFも余力は乏しい

ところで、日本の株式市場が「二重構造」になっているのをご存知だろうか。

現在の日本の株式市場の価格は、「外国人投機筋」が決めているベース部分の価格の上に、日銀およびGPIF（年金積立金管理運用独立行政法人）によって嵩上げされている分が乗る二重構造となっている。

たとえば２０１８年1月の日経平均2万３５００円の水準を分解すると、外国人が決めるベースの日経平均は約1万５５００円で、その上に日銀とGPIFの資金が約８０００円分上乗せされて形成されていると考えられる。

巷間、日経平均についてはEPS（1株当たり利益）やPER（株価収益率）を基準にしての議論が多いのだが、まるで無意味と言わざるを得ない。二重構造で形成されている日経平均をそれらで測れるはずがないからだ。

肝要なのは、二重構造のうちベースの部分である外国人投機筋がどこまで買い上げるのか、あるいは売りを仕掛けてくるのか、そして上乗せ分がどれくらい増えるのか、そのように2つに分けて分析すべきであろう。

「日経平均と日銀ＥＴＦ買い（月間ベース）」のチャートをみると、２０１５年８月に一度ピークをつけ、その後、次第に勢いがなくなったことがわかる。チャイナショックと重なった時期だが、外国人投資家はそこを見透かして日本株の売りを仕掛け、株価が下落したという側面がある。

そこで日銀は２０１６年７月にＥＴＦの買い入れ額を年間６兆円にほぼ倍増することを決定した。この日銀の政策変更により、日経平均も急速に勢いを取り戻していった。

だが、２０１７年７月で買い入れが一巡することから、買い入れの勢いが再び落ちてくると予測されていた。実際には２０１７年２月の５３９９億円がピークで、その後はじりじりと勢いは下落している。

日銀はこれからもＥＴＦを買い支えていくとアナウンスはしている。ＥＴＦを買い支えることはできるかもしれないものの、もはや日経平均を引っ張っていくことは無理ではないか。

「日経平均とＧＰＩＦ日本株構成比」のチャートは、今後はＧＰＩＦにもあまり期待が持てないことを示している。

日銀ＥＴＦ買いに加えて日経平均の二重構造を支えるのが、ＧＰＩＦによる株式の運用であ

## 日経平均と日銀ETF買い(月間ベース)

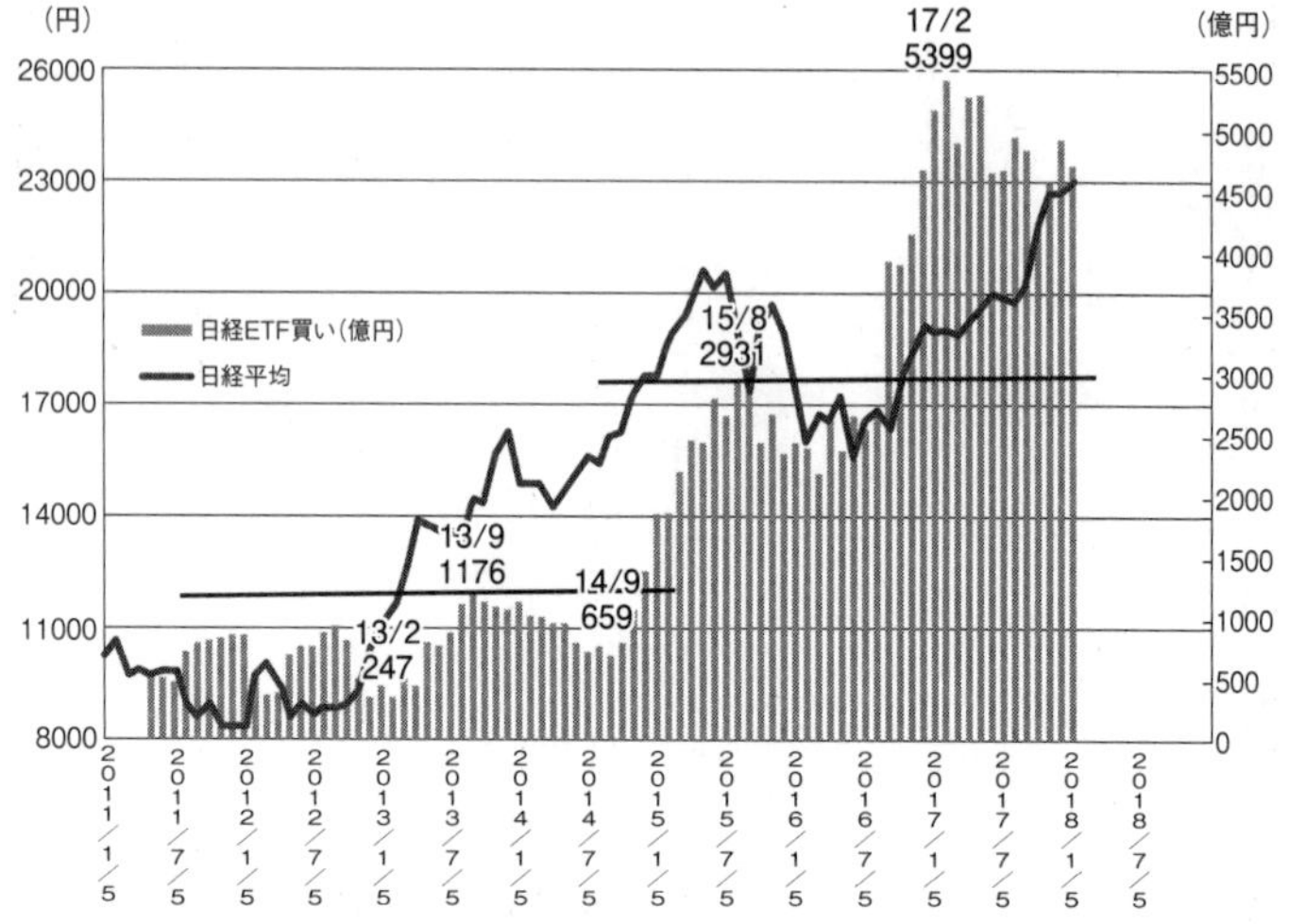


出所:T-Model

## 日経平均とGPIF日本株構成比

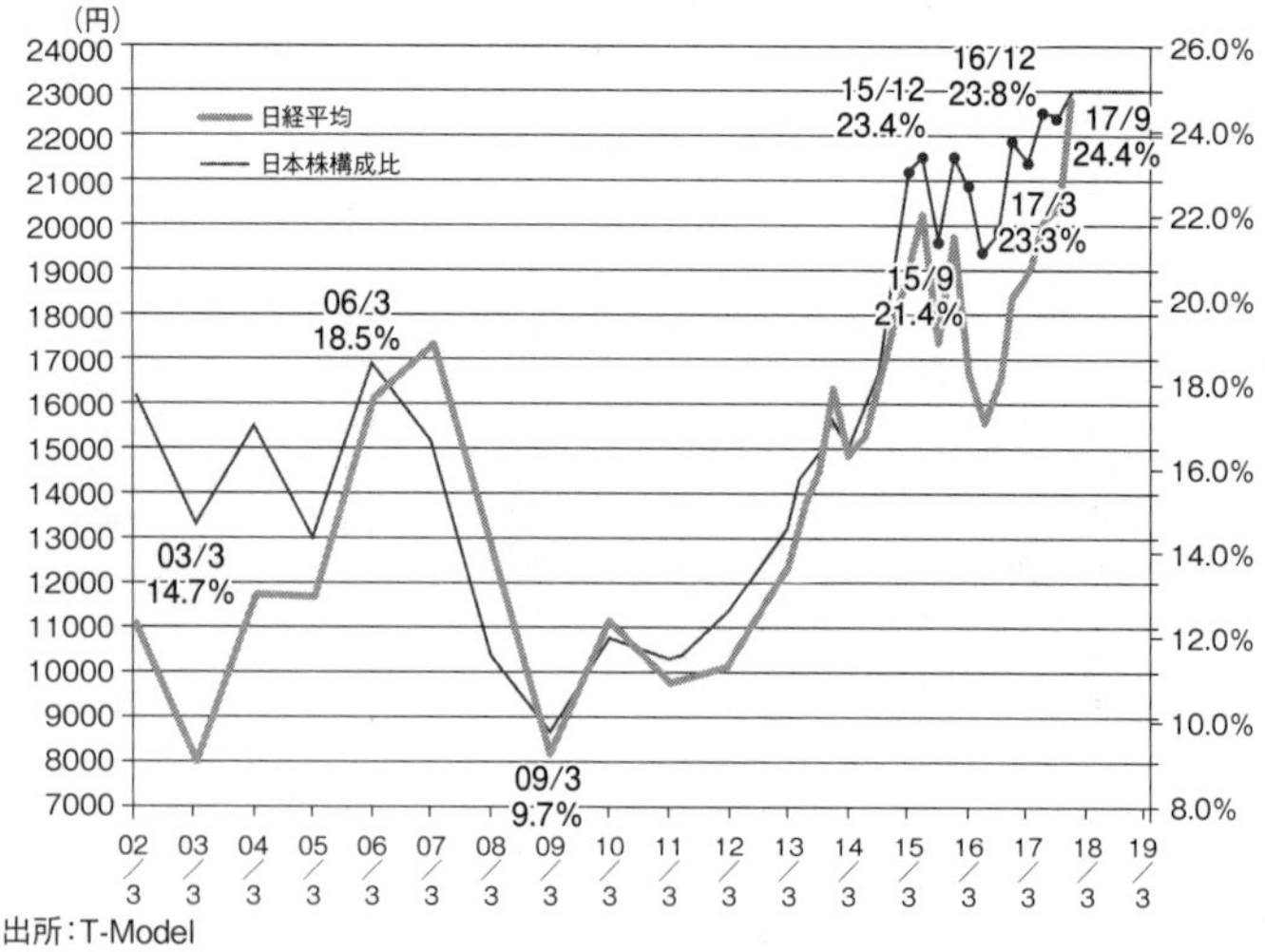


出所:T-Model

る。運用資産132兆円、世界最大の年金基金であるGPIFはその投資額の多さから「クジラ」とも呼ばれる。

年金特別会計の8兆4000億円も含めた積立金全体に占める国内株式の中期ポートフォリオ目標値は25％（内外株式50％）、国内債の目標値は35％。2017年9月時点における日本株ポートフォリオは24・4％。いまだに25％の目標値を超えたことはまだないが、仮に今後、これを超えるならば比率を落とすために、今度はGPIFが株式の売却に動いてくるはずだ。

したがって、GPIFも日銀ETF買い同様、今後も買い支えはするのだろうが、日経平均を引っ張っていく牽引力には乏しいと言わざるを得ない。

## 株の買い戻しに追い込まれる国内投資家の悲劇

いま私がもっとも懸念するのが、2017年9月、10月の上げ相場で売りに回った個人を含む国内投資家の行く末である。彼らがほとんど買いに回っていないのは「日経平均と空売り比率（月間ベース）」のチャートを見れば、一目瞭然だ。

本来、空売り比率は日経平均の遅行指標であった。たとえばアベノミクスで日経平均が2013年12月に1万6000円台に乗せると、空売り比率はそれに追随、10％以下の水準か

## 日経平均と空売り比率（月間ベース）

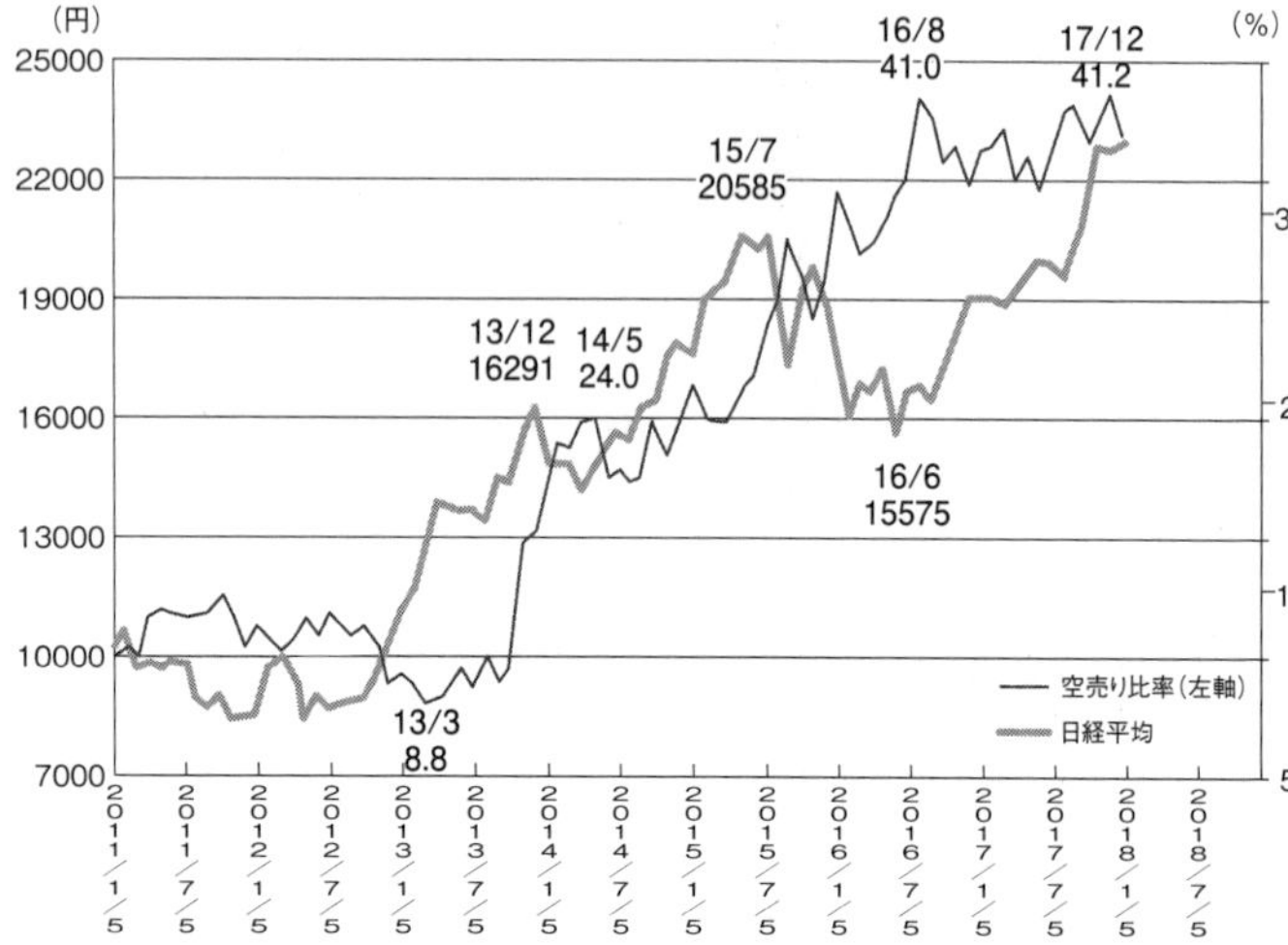


出所：T-Model

ら2015年5月には24％に達した。

その後、ＧＰＩＦと日銀のＥＴＦ買いで、2015年7月に日経平均が2万円超えとなると、同年9月には33・4％まで上昇した

ところが、2016年年央あたりから様相が変わってきた。

日経平均が2015年7月頃をピークに2016年6月まで下落したのに対し、本来ならば「買い戻し」で25％程度まで下がるはずの空売り比率が逆に上昇、2016年8月には41％のピークを打った。

なぜだろうか。同年6月下旬のBrexit（イギリスのＥＵ離脱）の決定により市場に悲観論が渦巻いたため、逆に空売りを増やす個人投資家が増えたためと思われる。

その後、国内投資家の空売り比率は高水準を続け、２０１７年9月には40・6％まで上がった。12月には41・2％となった。

ここで認識すべきは、空売り比率が株価の後追いから、買いのエネルギーにつながるものに変質してしまったことだ。

国内投資家はアップアップの状態なのである。さらに株価が上昇してくると、彼らは損切りして、空売りしていた株の買い戻しに追い込まれるのは確実であろう。そうなると、今度、空売り比率は一気に下落する。

つまり、買い戻しをさせられた国内投資家が日経平均を押し上げるわけである。それが今回の相場の天井をつける原動力となるという、きわめて皮肉な結果が待ち受けていると思う。

こうして国内投資家はコテンパンの目に遭わされていくわけである。

それにしても今回の日本の上げ相場における「外国人投機筋」の手口を見るにつけ、彼らは株式の需給だけを狙って株価を上げにかかるわけで、彼らには企業の業績など眼中にないかのようだ。

したがって、そういう意味では業績は結果論でしかない。結果の説明としては使えるけれども、業績が良いから株価が上がるという方程式は残念ながら成り立たない。

私自身、企業アナリストを長年やっていたから、余計に身に染みてわかる。この気持ちはアナリストとして企業の業績予想を行った経験のない人にはわからないであろう。いくら業績を予想したところで、株価はそのとおりには動かないものなのだ。

## 株上げ相場の天井となる可能性大の日本郵政株最後の大型売却

財務省は、2018年度予算案に東日本大震災への復興財源として、郵政株の売却収入を盛り込んだ。政府には保有する郵政株の3分の2弱を早期売却することが義務付けられていたが、次回の売り出しで完了する見通しである。

売却時期は今後の株価の推移や市場動向を見極めて最終判断される。予算額は1兆2000億から1兆4000億円程度になる可能性が高い。

2018年4月以降に主幹事証券会社の選定などを経たうえで、実際の売り出し時期や売却額を決める。

これまで記してきたとおり、郵政株の売却（放出）は新規株式公開（IPO）した2015年11月と2017年9月の2次売却に続く3度目。

この3度目の売却時期についても、前2回同様、外国人による株価操作が行われるのかが最大の注目点となる。そのときが今回の日本株上げ相場の天井となる可能性が高いからである。

ここで国内投資家は息の根を止められる公算が大きいと言わざるをえない。

## 日銀の倒産危機の可能性

ここまで日銀が直接ＥＴＦ、つまり、株を買い取って株価を上げていることを示してきたのだが、このような行為をしている中央銀行は世界じゅう探してもどこにもない。なぜか。それは中央銀行にとり〝禁忌《タブー》〟であるからにほかならない。

市場操作の疑義が生じるし、世界の投資家から利益相反と指摘されても仕方がない。日本の株式市場に対する信頼を損ねる行為を中央銀行自身が行っているわけである。

よしんば、それらの誹りを免れたとしても、株価あるいは債券が暴落するならば、日銀は債務超過となり、ただちに倒産の危機に晒される。

私からみれば、日銀はとてつもないリスクを背負っているわけで、おそらく外国人投機筋はねらい目だという認識を持っているはず。要は、日本を苦しめるには、日銀を債務超過にさせればいいのだから、彼らはいずれ暴落を仕掛けてくるはずである。

にもかかわらず、日銀にあまり危機意識が感じられない。それは日銀が日本株の暴落の可能性など露ほども考えていないからであろう。

# 第2章

## 過去のジンクスを覆す米国の実相

## 米クレジットカード貸し倒れ償却率と乖離するNYダウ

昨秋から株価の最高値を更新し続けた米国経済の実相はどうか？

正直、実体経済は世間が言うほど良くはなく、ファンダメンタルズにおいては危ういサインが点滅している。

2017年8月2日、NYダウは7日続伸し、初めて2万2000ドルの大台を突破した。3月3日に2万1000ドルの大台を突破してから約5ヵ月で1000ドルも上昇したのだ。

このように株式市場が活況のなか2017年8月1日、ウォールストリートジャーナルは『米銀行を脅かすクレジットカード貸倒損失の急増』を報じた。以下はその要約である。

『6年にわたって減少傾向にあったクレジットカードの貸倒損失が増加に転じている。これは市場や、より広範な経済に対する警告なのかもしれない。

米国の大手クレジットカード発行会社の純貸倒償却率（カード会社が損失として償却するカード債務残高の割合）の平均は第2四半期に3・29％に上昇した。格付け会社フィッチ・レーティングスによると、これは4年ぶりの高水準だという。

　また、この注目の数値が前年同期比を上回ったのは今回で５四半期連続となった。第２四半期にはＪＰモルガン・チェース、シティグループ、キャピタル・ワン・ファイナンシャル、ディスカバー・ファイナンシャル・サービシズなど、大手８社のすべてでこの数値が上昇した。今年の上半期に加速したこの傾向は、銀行の収益を圧迫し始めている。消費者の予算がさらに逼迫すれば、消費が手控えられ、経済成長と企業収益の両方が抑制されかねない。

　貸倒損失が増加する一方で、純貸倒償却率は過去の水準や２０１０年初めに記録した10％に比べると低水準であり続けている。カード発行会社はその数値が危機レベルに戻るとは予想しておらず、足元の上昇は異常な低水準で推移した後の通常水準への揺り戻しとみている。

　一方、24四半期連続で低下していたこの数値が上昇に転じたことで、潮目が変わったと指摘する銀行関係者もいる。ディスカバーのデービッド・ネルムス最高経営責任者（ＣＥＯ）は「全体的な環境は悪化している」とし、「過去数年間のようなかなり好ましい環境ではない」と述べた』

　２０１４年ごろから多くの銀行が与信基準を大幅に緩め始めたことで、米国では新たなクレジットカード消費ブームが起こっている。

「米クレジットカード純貸倒償却率と乖離するＮＹダウ」のチャートを見ていただきたい。

## クレジットカード純貸倒償却率（平均）とNYダウ

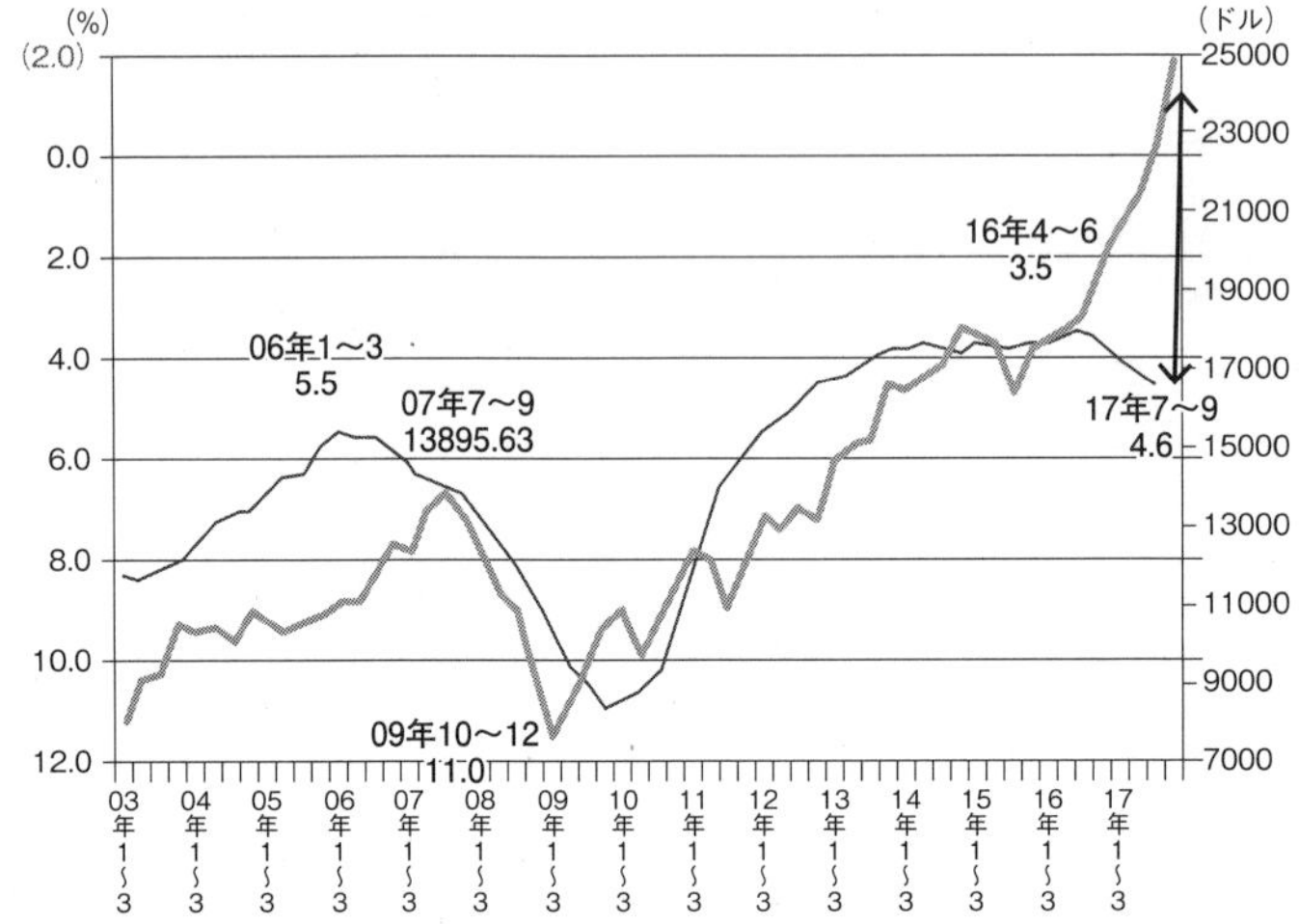


出所：T-Model

クレジットカード貸倒償却率については逆目盛りになっている。つまり、左目盛りで上に行くと、貸倒償却率が下落し改善していることを示す。リーマン・ショックで２０１０年初めに10％超まで悪化した貸倒償却率は２０１１年からずっと改善してきて、それに連れ添うようにNYダウも上がってきた。世の中の景気が上向いてきたわけだから、順当に貸倒償却率も下がってきた。

ところが、16年第2四半期に３・５％まで改善したがそれをピークに悪化し始めている。それに対してNYダウが乖離して上げ続けている。つまり、それまで相関関係にあったNYダウ上昇とクレジットカード貸倒償却率の下落が〝逆相関〟になってしまっている。これは経済のファンダメンタルズを無視して株式市場が暴走する「バブル状態」であることを示唆する。実は２００８年のリーマン・ショック前にも同様の乖離が生じていた。

ＦＲＢ（米連邦準備制度理事会）によると、全国のクレジットカード債務残高は２０１７年５月までの12ヵ月間で６％増となり、４年前の約１％を大きく上回った。

米国の失業率が過去最低に近い水準にあるにもかかわらず貸倒損失が増加している現状は、雇用状況が悪化した場合、クレジットカード貸倒償却率が〝急増〟することを示唆する。

クレジットカード市場は住宅ローンとは異なり、家計が逼迫するとその支払いの優先順位が低下する可能性があり、幅広い層の消費者の「債務返済能力のバロメーター」となっているからだ。

特に収入階層別の人口ピラミッドでいうと下の層の債務返済能力が弱ってきている。

バブルは何をきっかけに弾けるかはわからないが、バブルが弾けたときは経済のファンダメンタルズの水準まで下落することは過去の歴史が証明している。

つまり、現在の乖離が大きくなればなるほど下落幅が大きくなることを意味しており、今後は何がバブル崩壊の引き金になるかを注視する段階を迎えているわけである。

## 教育ローンに苦しむ若者をさらに地獄へと導く関連業界の支援制度

歴史的な低金利で2017年第2四半期の家計債務残高は12兆8390億ドルとなり、2008年リーマン・ショック時の12兆6750億ドルを上回り過去最高を記録した。

経済ファンダメンタルズにおける悪い兆候は、クレジットカード貸倒償却率にとどまらない。たとえば自動車ローン残高（2017年第2四半期）は1兆1900億ドルに膨らみ、リーマン・ショック時の8090億ドルの1・5倍と過去最高の水準にある。当然ながら自動車ローンの延滞率上昇のリスクが出てきているわけだ。最近、米国市場での自動車販売が不振なのも、こうした過去最高に膨らんだローン残高の影響かもしれない。

もう1つの大きな債務の問題は、新卒社会人が抱える教育ローンである。米国では学費高騰などを背景に、約7割の学生が学費を工面するためにローンを組み、4万ドル（約450万円）近い借金を背負って社会に出ている。

2017年7～9月の教育ローン残高は自動車ローン残高1兆1000億ドル（127兆円）を上回る1兆2600億ドル（154兆円）と過去最大、家計債務残高全体の11％に達している。

学生時代の教育ローンの支払いに苦しめられている若者の急増は若年層の生活スタイルを根本的に変え始めている。

米統計局の調べによると、米国全体の住宅所有率は２０１６年４〜６月に62・９％と約50年ぶりの低水準になった。17年も63％台と低空飛行が続いている。

ニューヨーク連銀によると、特に20歳代の住宅所有率が21％と、２００７年の32％から１割以上も低下。同連銀は住宅所有率が低下した理由について「ミレニアル（１９８０年代から２０００年初頭に生まれた世代）と呼ばれる若者が学生ローンの負担増を背景に、初めての住宅購入を渋っている」と分析した。

この教育ローン返済を軽減しないと、20〜30歳代の住宅購入が一段と停滞しかねない。そのため関連業界は対策に動き出している。

初めて住宅を購入する人に向けて住宅購入価格の３％、最大で1万３０００ドル（約１５０万円）を学生ローン返済のために無償提供する他、住宅ローンの頭金を最大5万ドル（約５７０万円）まで提供するのと引き換えに、購入した住宅の一室をAirbnb（エアビーアンドビー）を通じて3年間賃貸、その家賃収入を頭金返済に充当する仕組みを開設した。

さらに、米連邦住宅抵当金庫（ファニーメイ）は、住宅購入者が抱える住宅ローンと高金利の教育ローンを合算して低金利の住宅ローンに借り換える制度を導入した。また、メリーランド州では住宅ローンを組んだ若者に対し、住宅購入価格の最大15％をゼロ金利で、その住宅を2次抵当として融資する制度を導入した。

２０１７年9月末時点の学生ローンの貸倒償却率は9・6％と他のローンに比べ突出して高い。そのようななかでの関連業界の支援制度は「火に油を注ぐ」ことになりかねない支援策ばかりである。

２００５年に米国発の金融危機に警鐘を鳴らした前インド中銀総裁のラグラム・ラジャン氏は「警戒は常に必要だ。08年の金融危機時、震源地は米国の低所得者向けサブプライム住宅ローンだった。規模も小さく経済への影響は軽微とされたが、実際は金融システム全体が崩壊に近づいた。次なる危機が起きるとしても、まったく予測しないセクターが震源地になると考えたほうがいい」と指摘する。

まったく同感であり、まさに今回の若年層向けの住宅取得支援は、リーマン・ショックの火種となった低所得者向けサブプライム住宅ローンそのものではないだろうか。

## 台頭する経済ファンダメンタルズ悪化の兆しを軽視した楽観論

加えてもう1つ、気懸かりになっているのが、カナダ最大の住宅ローン会社・ホーム・キャピタル・グループが高利回り預金の引き出し殺到で経営難に陥っていることである。同社のメインの借り手はサブプライム（低所得者）層である。

同社の総資産額は２０１６年末時点で２０５億カナダ・ドル（１兆６７００億円）だが、うち住宅ローン債権は１５０億カナダ・ドル（１兆２２００億円）相当でカナダ全体のモーゲージの市場規模、１兆４５００億カナダ・ドルの約１％と小さい。

そのため、カナダ全体を巻き込んだ金融危機に発展するリスクは低いが、カナダ３大不動産市場で住宅価格が高騰するバブルが起きており、仮にホーム・キャピタル・グループが破綻した場合、カナダの不動産バブル崩壊のきっかけとなる可能性はある。

こうした経済のファンダメンタルズ悪化の兆しを軽視した楽観論の台頭が、いまの米国株式市場を後押ししている。２００７年～08年のときも似たような楽観論が台頭していたと記憶しているが、突然、ノーマークの悪材料が飛び出すことはよくある。

のちの章で、悪材料として私が注視している企業の債務残高について詳述するつもりだ。

## バフェット指数が冷酷に明示する米国株のバブル

運用資産39兆円。米国最大の公務員年金として知られるカルパース（カリフォルニア州職員退職年金基金）がこのほど（２０１７年12月）運用ポートフォリオの変更を行った。

これまでカルパースは株式50％、債券19％を目安とするポートフォリオで動いていたが、今後は高値圏で推移している株価の下落リスクに備え、株式比率を引き下げ、債券比率を引き上げることを決めた。

カルパースのポートフォリオは4年ごとに見直されており、２０１８年からの4年間はこの方針に沿って資産運用がなされる。

ちなみに運用資産１３２兆円、世界最大の年金基金である日本のＧＰＩＦのポートフォリオも株式50％で、２０１７年12月までのカルパースとぴったり同じ配分となっている。

カルパース陣営は予測しているのであろう。早ければ２０１８年前半にも、米国株を筆頭に、世界の株が大幅な調整期に余儀なく突入することを。早くも2月にそれが表面化した。

運用資産39兆円を守るためには早めに動くのが得策。これをプライオリティとするカルパースはこれから最後の株高相場を迎えるのを知りながらも、あえて２０１７年12月の段階で株式比率を下げたわけである。

今回の株高相場を野球にたとえるならば、カルパース陣営の心持ちはこんなふうだと思う。すでにゲームは8回裏、9回表まで進んだ。ゲームはもつれて延長戦になるかもしれない。だが、われわれは延長戦には加わる気はさらさらないので、ここらで足を洗うことにしよう。

こうしたカルパースの判断が正しいのを、投資会社オークツリー・キャピタルの共同創業者兼会長のハワード・マークスが補強する。著名投資家であるウォーレン・バフェットがマークスの著書『投資で一番大切な20の教え』（邦訳・日本経済新聞出版社）を自社バークシャー・ハサウェイの株主に推奨したことで知られる。

賢人が認めた投資家のマークスは顧客へのレポートで、米国株式市場の上昇局面が終盤に入ったと警告を連発している。その内容は以下のとおり。

「ノーベル経済学賞受賞学者のロバート・シラー教授が作成する景気循環調整後のＰＥＲ（株価収益率）は30倍付近まで上昇、長期的な中央値の16倍を大幅に上回っている。30倍を上回ったのは過去2回のみ。１９２９年（大恐慌）と２０００年（ＩＴバブル崩壊）しかない」

「２００９年7月に始まった景気拡大局面は9年目（２０１８年1月で１０３ヵ月目）に突入、戦後最長となる１９９１年から２００１年にかけての１２０ヵ月に迫っている。景気拡大の期間が長ければ長いほど、バブル崩壊の痛みは大きい」

「２０１７年第2四半期（4〜6月期）の年換算の名目ＧＤＰは19兆ドル、株式時価総額は6月末時点で29兆ドル、ＧＤＰの１・５倍と過去最高になっており、きわめて危険な状態にある」

その国が金融バブルになっているのか、そうでないかを測る、言葉を換えれば、現在の株式時価総額が割高か、割安かを測るのにもっとも信頼できる指標が「株式時価総額／名目GDP」、いわゆる「バフェット指数」である。

株式時価総額と名目GDPの比率とは、すなわち株式マーケットに対する実体経済の比率となる。実体経済が良くないのに株式マーケットだけが上がるのは異常だから、株式マーケットとしてはバブル状況にあることを示す。つまり、バフェット指数が高いほど、実体経済と株式マーケットの乖離を表すことになる。

「株式市場時価総額／名目GDP（バフェット指数）」について、米国では以下のような五段階に分類されている。

| | | |
|---|---|---|
| 1 | 50%以下 | 非常に割安な水準 |
| 2 | 50%～75% | いくぶん割安な水準 |
| 3 | 75%～90% | 妥当な水準 |
| 4 | 90%～115% | いくぶん割高な水準 |
| 5 | 115%以上 | 非常に割高な水準 |

米国のバフェット指数は150％だから、「非常に割高な水準」の領域となる。この数値は現在の米国の株式相場が実体経済にリンクしていないいびつな形、つまりバブル状況にあることを冷酷に明示しているのである。

## 2017年のNYダウ大記録達成が暗示すること

戦後の米国で民主党から共和党に政権交代したケースは今回を含めて都合5回あった。

| | | 株価 |
|---|---|---|
| 1952年〜1953年 | トルーマン→アイゼンハワー | マイナス13・9％ |
| 1968年〜1969年 | ジョンソン→ニクソン | マイナス23・1％ |
| 1980年〜1981年 | カーター→レーガン | マイナス21・6％ |
| 2000年〜2001年 | クリントン→ブッシュ | マイナス28・9％ |

2017年に上梓した自著のなかで、民主党から共和党への政権交代1年目の米国の株価は100％の確率で暴落していることを指摘した。

けれども今回は暴落せず、過去のジンクスは通用しなかった。暴落はしなかったけれど、正確に言えば、株価操作が行われ暴落をさせなかったからであった。これに関しては後で詳述したい。

２０１７年のニューヨーク株式相場は5％を超える下げがない上昇基調が続くという歴史的なブル相場となった。

少し振り返ってみよう。昨年2月27日までNYダウは12日連続で「史上最高値」を更新、１９２０年以降では１９８７年以来、30年ぶりの大記録を達成した。

そして、もう１つの大記録が昨年3月1日に突破した2万ドル台から2万１０００ドル台への１０００ドル単位の大台替えを24営業日で達成したことだ。これは18年ぶりの最短記録。ちなみに前回は、ＩＴバブル期の１９９９年5月であった。同年3月29日に1万ドルの大台を突破し、5月3日に1万１０００ドル台まで24営業日で達成した。

こうした記録ずくめのNYダウであるが、一方ではこのことは大記録を達成した過去の時期と類似する経済状況にあることを示唆しているともいえよう。

１つはあのブラックマンデーが起きた１９８７年である。同年8月の高値２７３６ドルから10月の安値１６１６ドルまで40％の大暴落をみた。

もう１つは１９９９年のＩＴバブル崩壊の時期である。年明け２０００年1月の高値1万１７５０ドルから10月には安値９６５４ドルまで18％下落。その後、２００１年9月の同時多発テロ、２００２年７月のワールドコム破綻などが続いたため、ＮＹダウは下落し続けた。
結局、ボトムをつけたのは２００２年10月の７１９７ドルだったから、38・７％も落ちた。時期的な違いはあるものの、この２つの株価上昇期後に待ち受けていたのは約４割の株価下落であった。

加えて、縁起でもないデータがある。１９９９年５月に１０００ドル単位の大台替え（１万ドル台→１万１０００ドル台）で最短記録24営業日を達成したＮＹダウが次の大台替え（１万１０００ドル台→１万２０００ドル台）を果たしたのは２００６年10月で、実に７年５ヵ月もの長期間を要したのだ。

だが、このような過去の大記録のジンクスも覆した。２０１７年８月に５ヵ月振りにＮＹダウは２万２０００ドル台を突破した後、54営業日で２万３０００ドル台を、30営業日で２万４０００ドル台を、23営業日で２万５０００ドル台を、さらに過去最短となる８営業日で２万６０００ドル台を加速度的にクリアする異常な状態だった。そして、この加速度的な上昇が途切れた２月５日、１日の下げ幅が過去最大となる１１７５ドルの歴史的下落を記録したのである。過去のジンクスを覆すために昨年８月以降、何らかの株価操作が行われてきたことを示す歴史的暴落となったのではないだろうか。

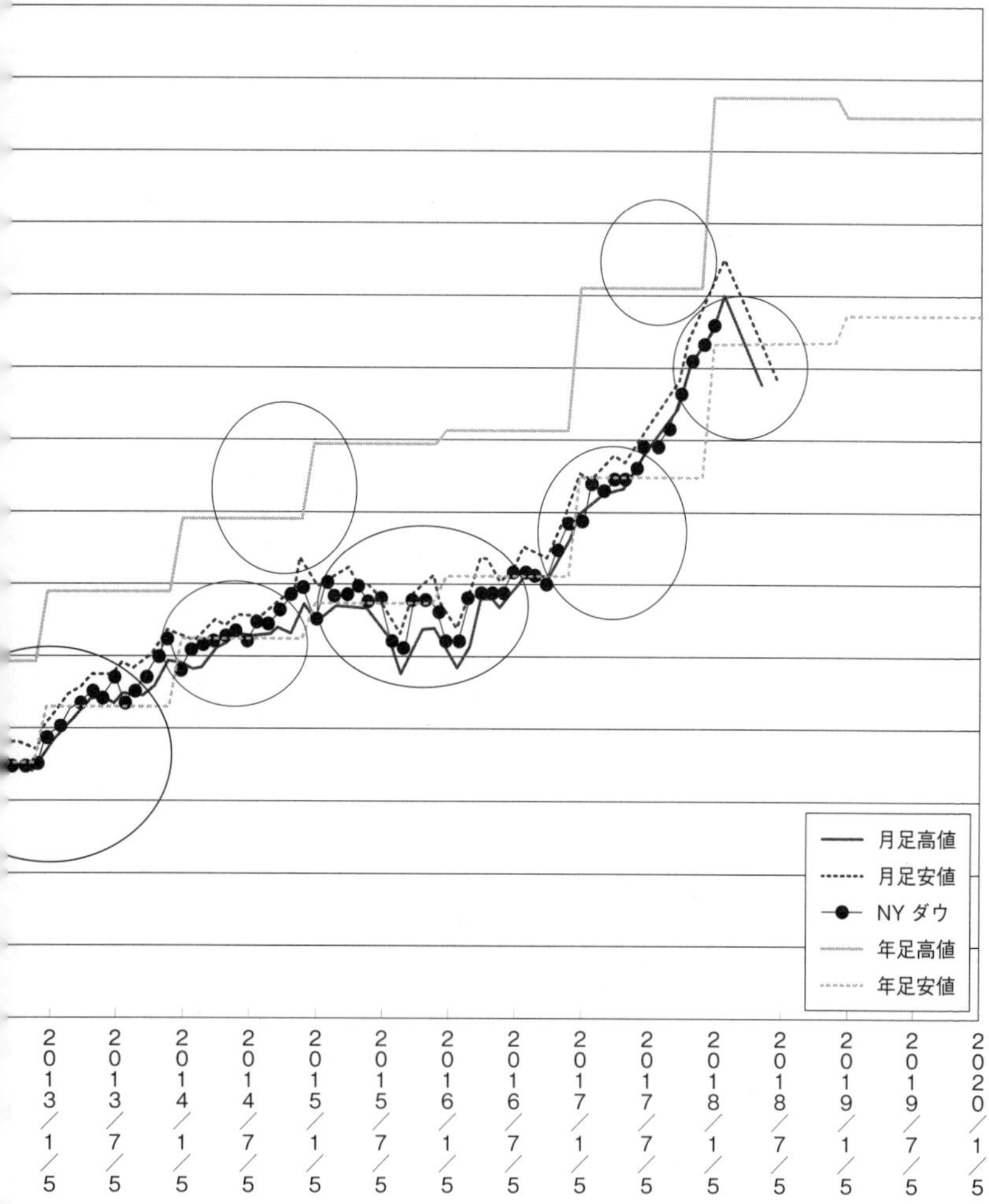
月足高値
月足安値
NY ダウ
年足高値
年足安値
2013/1/5
2013/7/5
2014/1/5
2014/7/5
2015/1/5
2015/7/5
2016/1/5
2016/7/5
2017/1/5
2017/7/5
2018/1/5
2018/7/5
2019/1/5
2019/7/5
2020/1/5

## NYダウ(月足)とT2

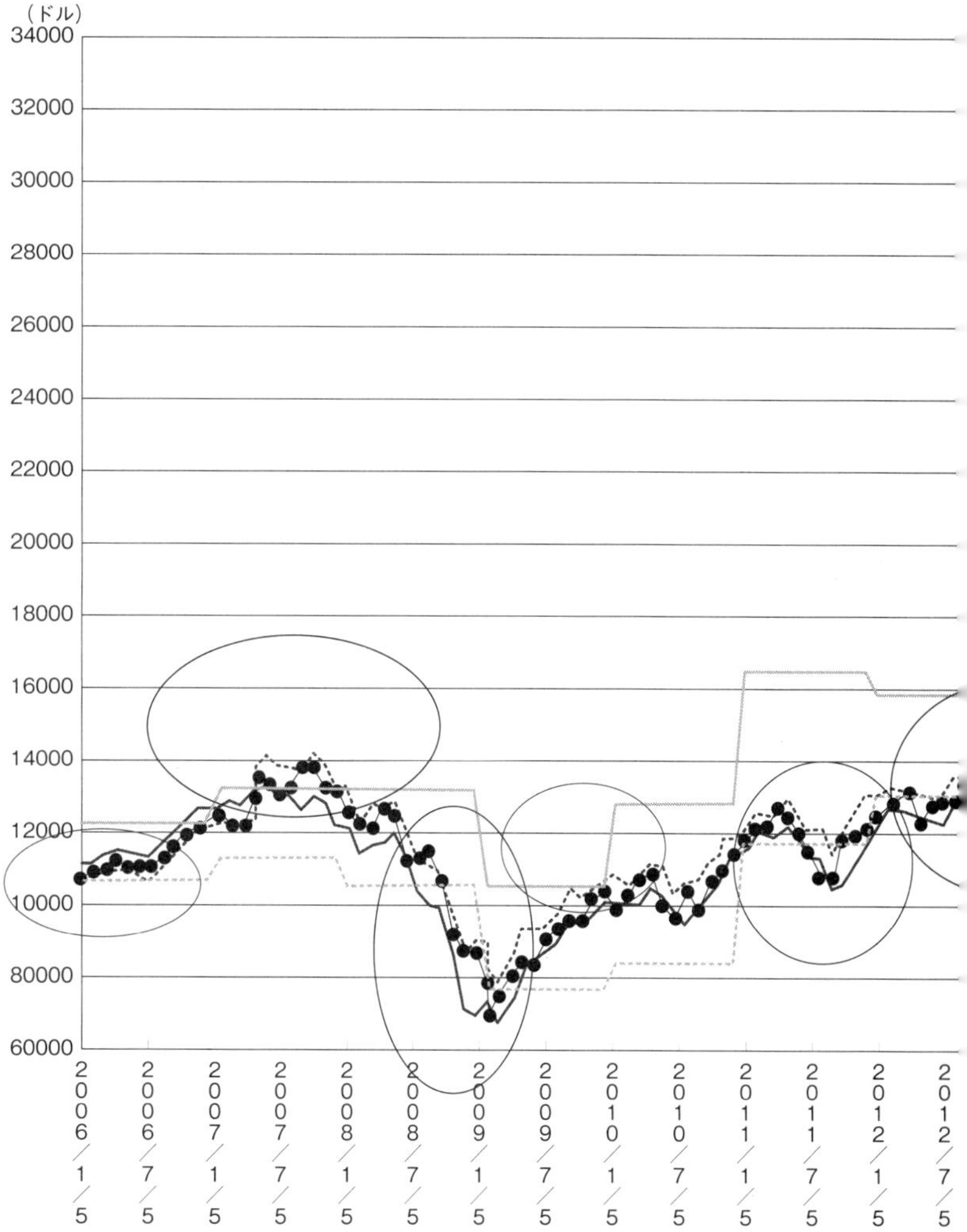
(ドル)
34000
32000
30000
28000
26000
24000
22000
20000
18000
16000
14000
12000
10000
80000
60000
2006/1/5
2006/7/5
2007/1/5
2007/7/5
2008/1/5
2008/7/5
2009/1/5
2009/7/5
2010/1/5
2010/7/5
2011/1/5
2011/7/5
2012/1/5
2012/7/5

## 過去の不吉なジンクスを吹き飛ばしたトランプ

株価の上昇トレンド期、下降トレンド期では、陽線や陰線など同色のローソク足が連続してあらわれるものである。

以下は2000年以降、3ヵ月以上連続陰線となったケース。

| 時期 | 騰落率 | 出来事 |
|---|---|---|
| 2001年6月～8月 | マイナス27・9% | ITバブル崩壊、9・11テロ |
| 2002年6月～8月 | マイナス27・9% | ITバブル崩壊、ワールドコム破綻 |
| 2007年11月～2008年1月 | マイナス16・4% | ベアー・スターンズ破綻 |
| 2011年5月～9月 | マイナス19・5% | 米国債信用格付け格下げ |
| 2016年8月～10月 | マイナス3・8% | ? |

3ヵ月連続陰線になった上記5ケースのうち4ケースにおいて、20%内外の株価暴落が起きた。ところが2016年の大統領選挙期間、確かに3ヵ月連続陰線になったにもかかわらず3・8%の小幅下落で済んでいる。一応3ヵ月連続陰線だから米大統領選挙で与党が負けると

## NYダウとFRB資産残高

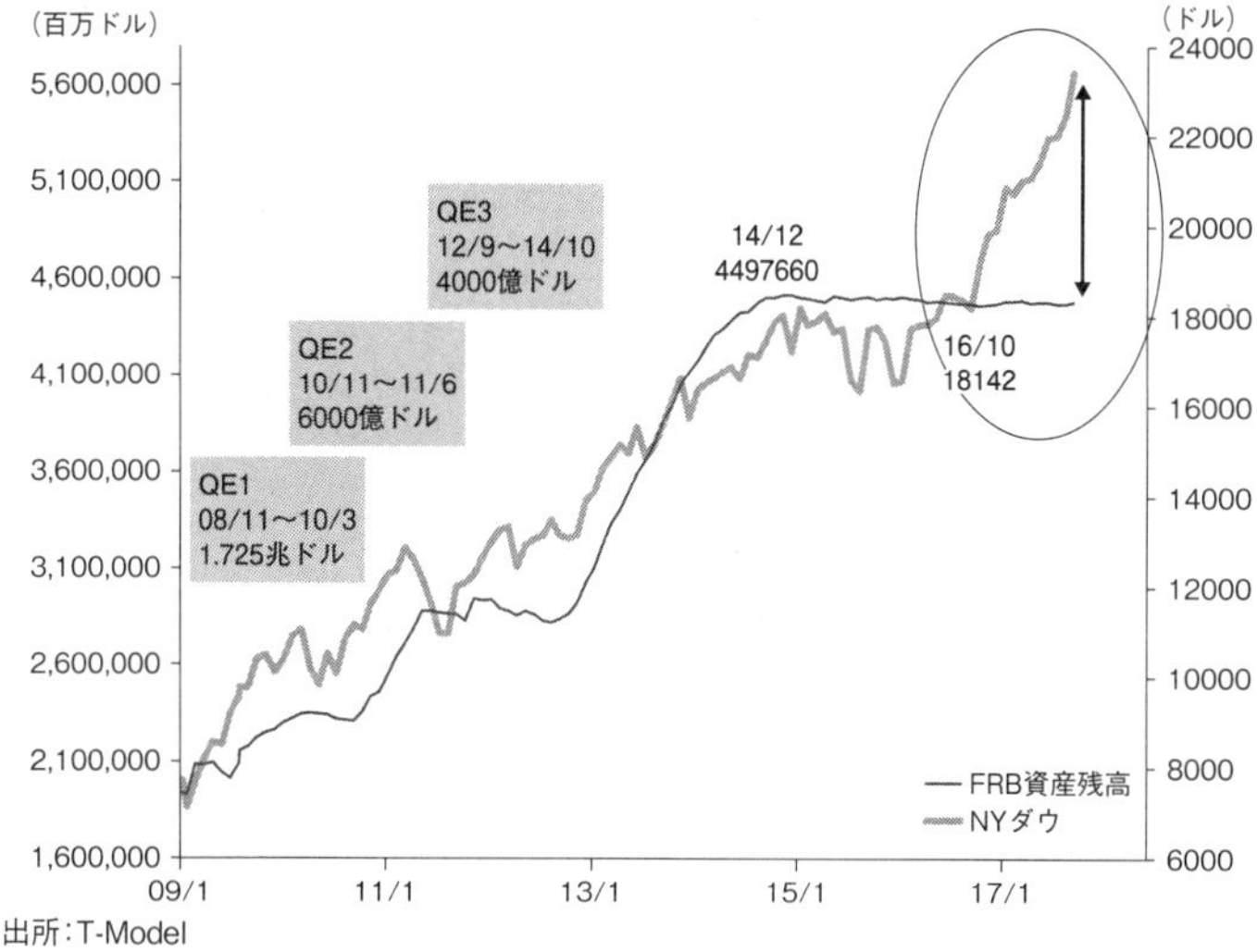

出所：T-Model

いうジンクスどおりの動きはあったにせよ、妙な感じがするではないか。

そして、その直後から暴騰が始まった。トランプ相場が始まったわけである。

選挙戦中、世界中のメディアはドナルド・トランプが大統領になったら株価は大暴落すると合唱していたけれど、真逆の現象が起きてしまった。過去の不吉なジンクスは吹き飛ばされてしまった。

それだけ世界的に強力な株価操作が行われたのだと私は推察している。

２００８年９月に発生したリーマン・ショックで米国経済はボロボロに崩れ、株価も歴史的な大暴落となった。

中央銀行ＦＲＢは２００８年11月から史

上最大規模の通貨量を供給する量的緩和策を3段階（ＱＥ1、ＱＥ2、ＱＥ3）で実施した。ご存知のように、ＦＲＢは２０１５年に量的緩和策を終了しているので、それ以降資産残高の伸びが止まっている。

「ＮＹダウとＦＲＢ資産残高」の図表を見ると、ＦＲＢがＱＥ1、ＱＥ2、ＱＥ3を打っていくのにつれて、ＮＹダウとＦＲＢ資産残高が連れ添うように上昇していったことがわかる。

そしてトランプが大統領選に当選した頃から急速に両者は乖離を見せ始めた。かなり唐突な動きであったが、明らかなのは、このＮＹダウの急上昇はＦＲＢのＱＥとは無関係であるということだ。

## これまで米長期金利の上昇を抑えてきた巨額デリバティブ取引

「米10年物長期債利回りとＮＹダウ」の図表を見てみよう。

右の金利を示す目盛りは上に行くほど数値が小さくなっており、米10年物長期債利回りがずっと下がり続けていることがわかる。さらに言えば、金利が下がりながら株価が上がってきたことがわかる。

ところが、2％弱のところで金利が下落のピークを打っても、株価は急上昇している。先刻

## 米10年物長期債利回りとNYダウ

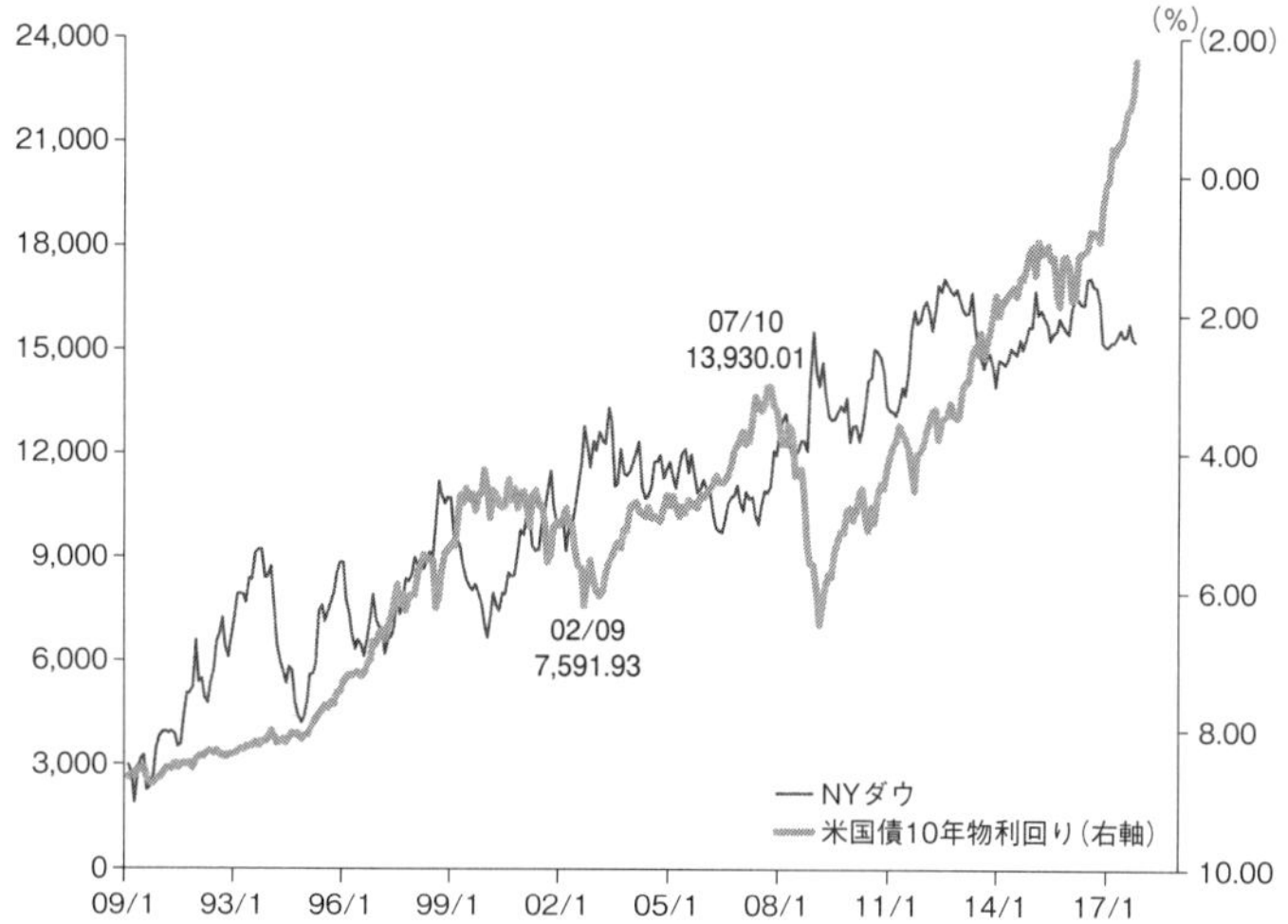


出所：T-Model

記したとおり、ＦＲＢによるマネー供給量はまったく増えていない。にもかかわらず、株価は垂直的に上がっている。

少し前まではビットコインを使って海外からマネーを米国に還流させる方法が盛んであったけれど、中国当局が２０１７年初、国内のビットコイン主要取引所を立ち入り検査し、強制閉鎖に踏み切ったため、中国からのマネーの供給は大幅に減じてしまった。

ということは、何か違う理由でＮＹダウは押し上げられているわけだ。

それを解き明かす前に、「米10年物長期債と米ＣＰＩ」の図表をチェックしてみよう。両者は基本的にはほぼ同じような動きをしている。

## 米10年物長期債利回りと米CPI

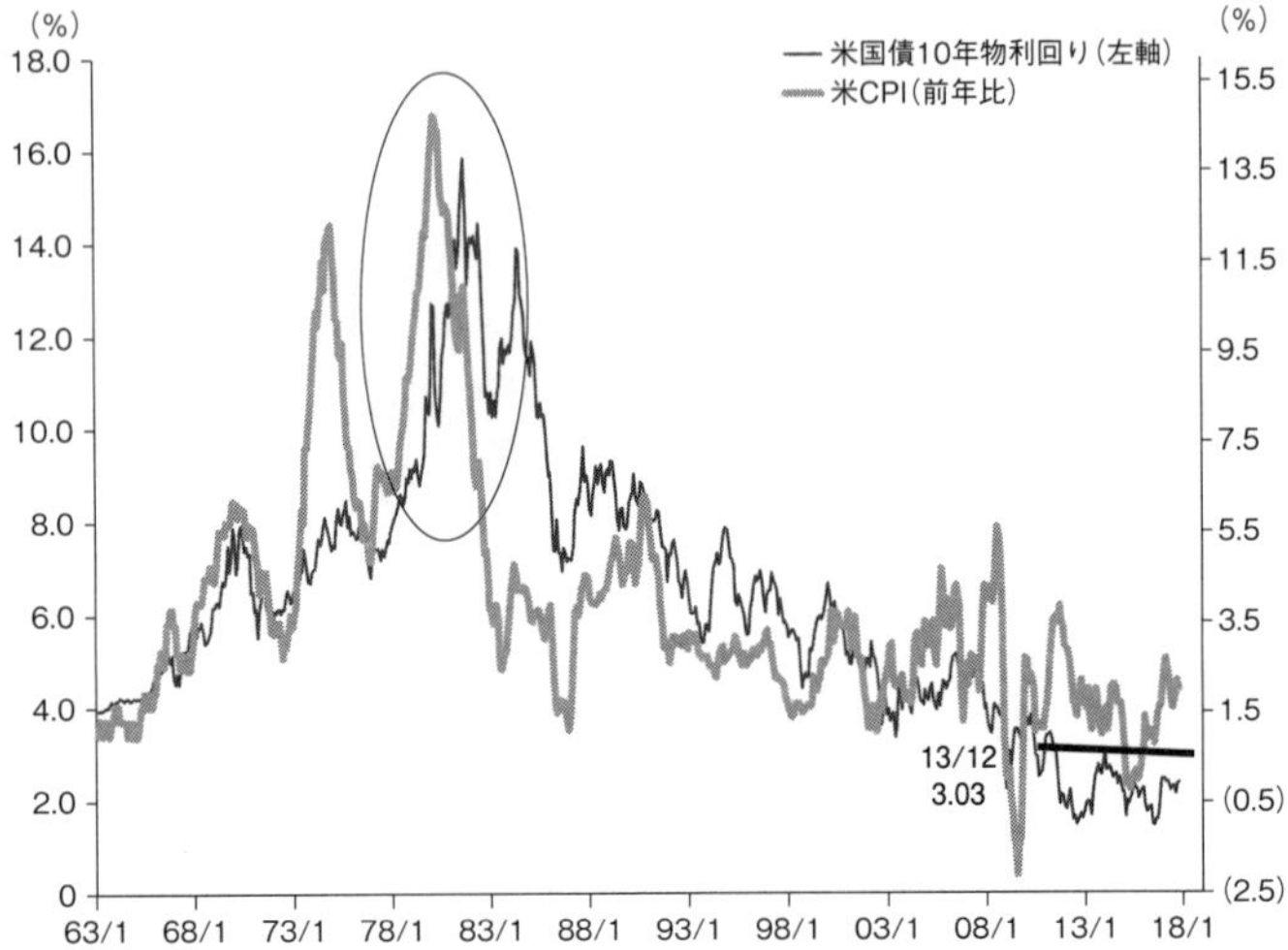


出所:T-Model

このところCPIは非常に低いところで安定している。一方、10年物長期債の金利は直近で2・8%台に上昇しているが、「バーナンキ・ショック」で上昇した13年12月のピークである3・03%を超えず2%台で推移している。

これまで金利上昇を抑え込んできたのが、デリバティブ取引である。デリバティブには将来の売買を予め約束する「先物取引」、将来の売買の権利を予め売買する「オプション取引」、異なる通貨や金利を交換する「スワップ取引」の3種があり、これらを幾重にも組み合わせた複雑で多岐にわたる取引が行われている。

御覧のとおり、2017年6月末時点に

## 世界のデリバリティブ残高と債券デリバリティブ比率

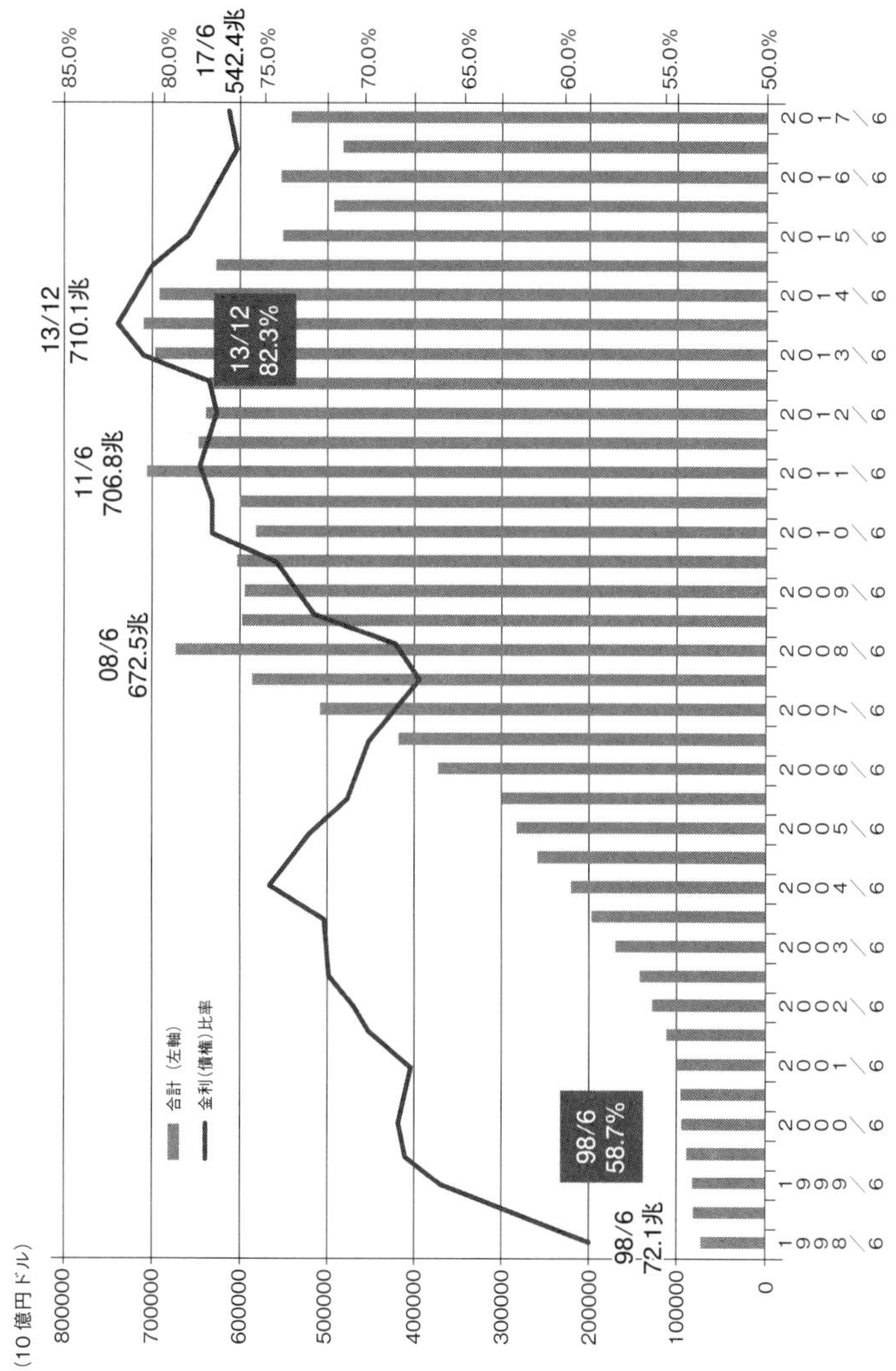


出所：BIS資料よりT-Model作成

## 米長期金利と債権デリバティブ比率

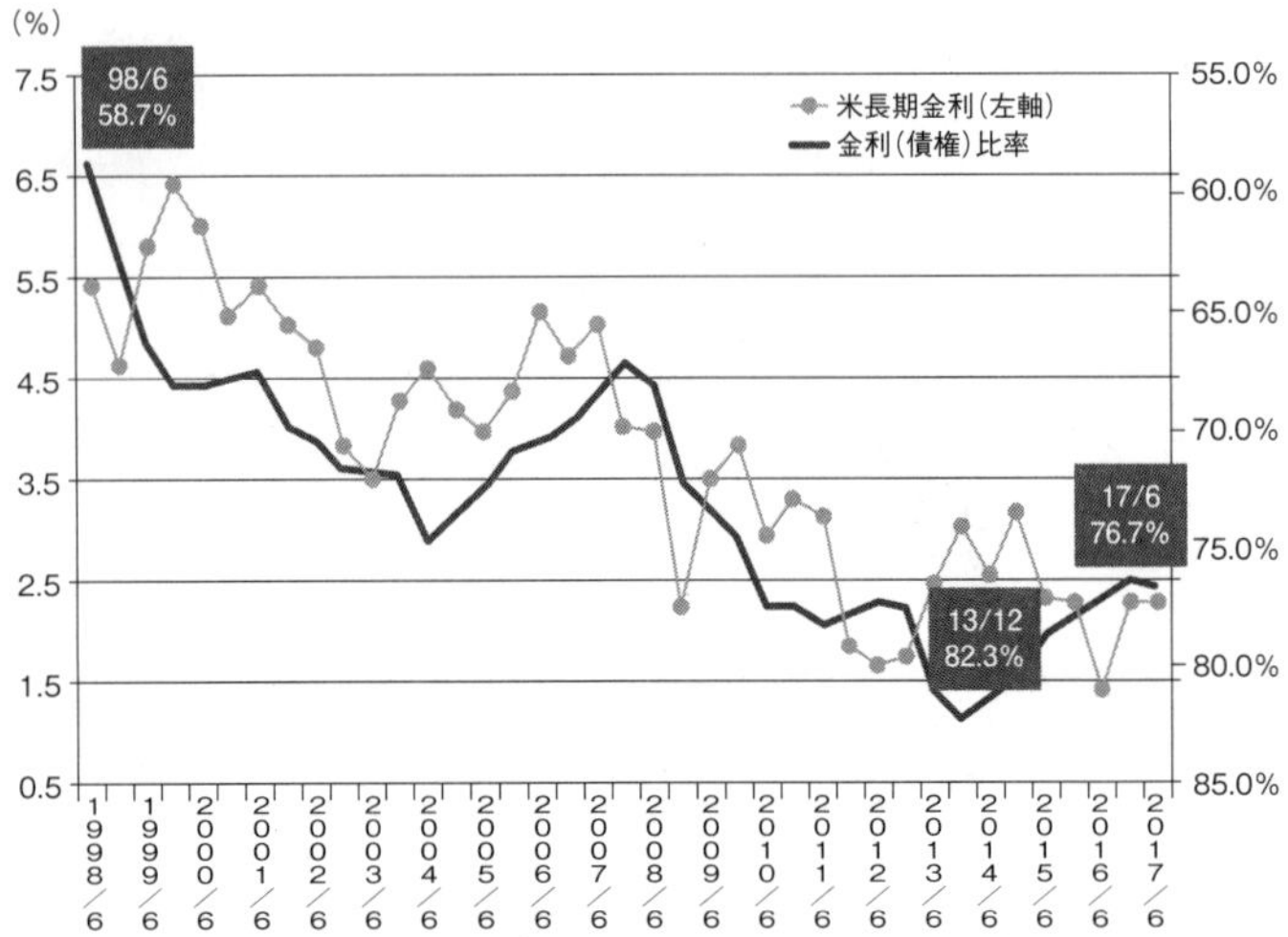


出所:BIS資料よりT-Model作成

おける世界のデリバティブ残高は5京円台(京は兆の1万倍)、542兆ドルにもおよぶ。ピーク時には710兆ドルにも達していた。

(世界のデリバティブ残高)

そして5京円台のデリバティブ取引の残高の76%が金利のデリバティブで、すなわち債券の先物取引を意味する。

債券の先物を買うということは債券の価格が将来上昇すると予想しているわけだから、債券の先物買いが増えれば債券の市場価格も上がり、金利上昇が抑えられることになる。

「米長期金利と債券デリバティブ比率」の図表が示すように、債券デリバティブの比率が上がるにつれて、長期金利は下がっている。

よくこの図表を見ていただきたい。債券デリバティブ比率が急速に高まったのが

２０００年あたりからである。ＩＴバブル崩壊、９・11同時多発テロを経験した米国はデリバティブを使って金利を下げていく戦略をとったと捉えるのが自然であろう。

債券デリバティブ比率のピークは２０１３年12月の82・３％で、このところは76％前後。デリバティブはこれ以上膨らませないところにあるので、米国の金利はこれ以上下がらない。だが、債券デリバティブ比率が高止まりしている以上、金利も上がらないといった状況が続いている。

したがって、金利が急騰するケースとして考えられるのは、債券デリバティブの一部が破綻してそれがデリバティブ市場全体に連鎖していくことであろう。そうなれば債券価格は暴落し、金利の急騰を招くのは必至だ。

仮に債券デリバティブ市場が壊れた場合、リーマン・ショックをはるかに上回る金融危機に発展することが予想される。それもすでに仕掛けられている世界経済を破滅に導く地雷をどうやって触らずに進もうかというのがいまの世界の現状なのである。こうして具体的に世界経済の破滅に言及しているアナリストは私ぐらいなのかもしれない。

いまの債券デリバティブ破綻の脅威に比べれば、10年前のリーマン・ショックの引き金となったサブプライム・ローンの破綻など可愛いものだと思う。だが、５京円台にものぼるデリバティブ取引のなかの何かが破綻しないという保証などどこにもない。

## FRBの利上げは金融引き締めでなく実質的な緩和だった

これまでFRBが何をしてきたのかが如実にわかる図表が「米イールドスプレッド（10年－2年）とNYダウ」である。

確認してみよう。リーマン・ショック後、FRBは市場へのマネー供給量を劇的に増やす量的緩和政策QE1、QE2、QE3を打って株価を上昇させた。マネーの量がふんだんにあれば株を買う人が増えるからだ。さらに、金利を下げることで景気を良くし、株価を上昇させた。この2つについては皆さんも理解されたであろう。

もう1つ、FRBが行っていたことがある。イールドカーブ・コントロール、日本語に訳せば「長短金利差」だ。

どこかで聞いた言葉ではないだろうか。2016年9月、日銀がそれまでマイナスになっていた長期金利をゼロ金利に戻すとともに、ゼロ金利を維持するために「イールドカーブ・コントロール」を導入すると発表した。

当時、これに対する市場関係者の反応は冷ややかで、「これに何の意味があるのだ」と言及する人たちが多かったのだが、私は講演会やレポートで、「これは債券のリスク軽減に寄与す

## 米イールドスプレッド(10年-2年)とNYダウ

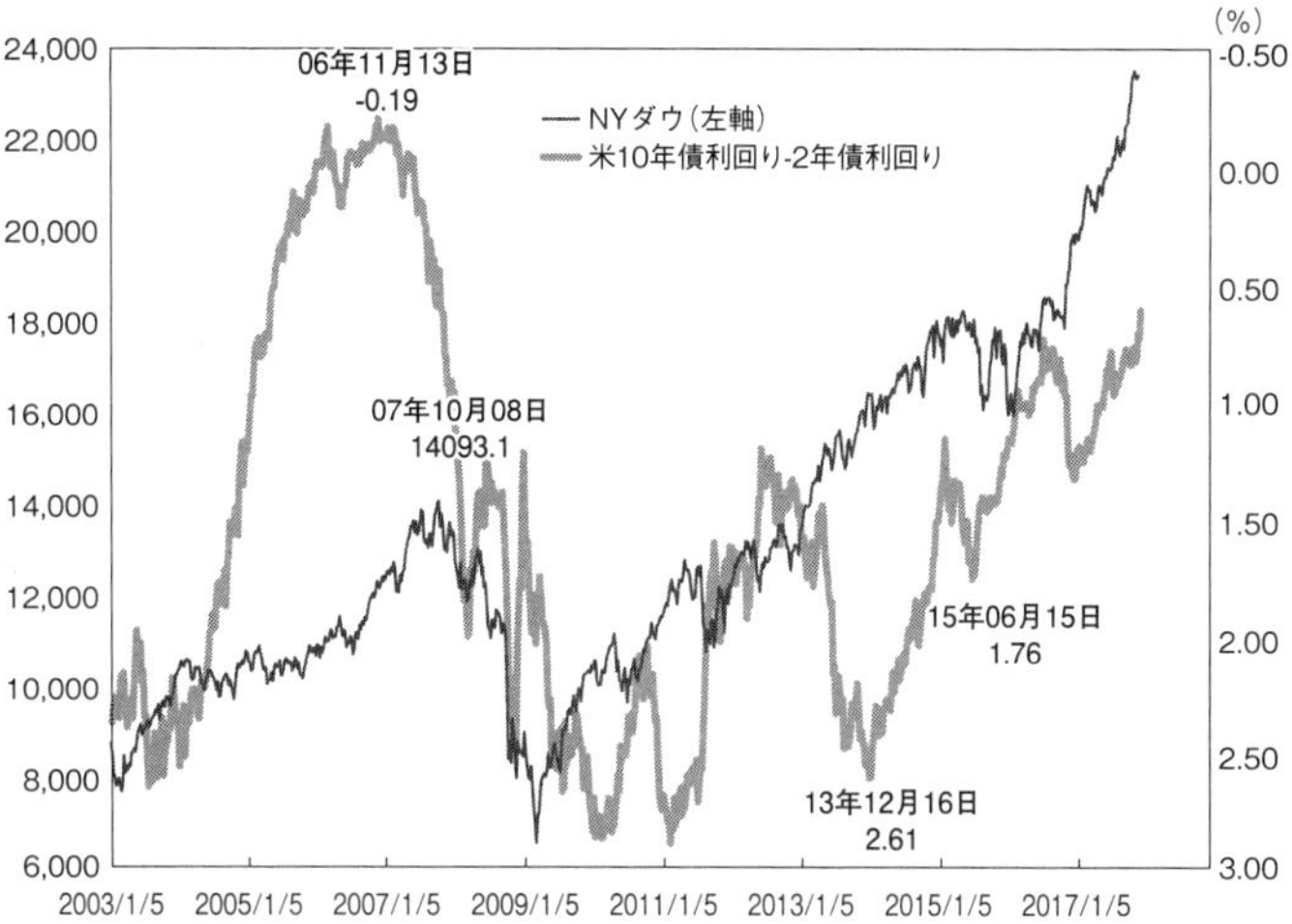


出所：T-Model作成

る政策だから、かなりの効果が見込まれる」と強調した。

結果はどうだったか。日銀のイールドカーブ・コントロール導入を契機に日本株は上昇を開始、為替も円安に振れていった。

市場関係者は首をかしげるばかりであった。イールドカーブ・コントロール導入が株式市場にどういった効果をもたらすかを理解できないから仕方がないのだが、彼らは「たいした影響はないだろう」と誤魔化しのコメントに終始した。

イールドカーブ（利回り曲線）とは償還期間の異なる「10年物長期債」と「2年物短期債」の利回りの格差を意味する。通常は2年物、5年物、10年物、30年物と償還期間が長くなればなるほどリスクが高まるわけだが、図表の「米イールドスプレッド（10年−2年）」、要は米10年債利回りから2年債利回りを差し引いた数値の動きを見てほしい。

２０１３年12月16日に２・61％の格差があったのが２０１５年６月15日には１・76％に縮まり、２０１７年末にはとうとう０・50％にまで接近している。

この長期債と短期債との利回り格差の接近（あるいはフラット化）は〝実質的〟な金融緩和策になっているのである。

その間のＮＹダウの急騰ぶりを見れば、ＦＲＢがイールドカーブ・コントロールを利用して株価を上げにかかったのは論を俟たない。

## 歴史が語る崩壊の予兆

経済や相場を予測する上でわかりやすい１つの方法は、現状がいつの時期と似ているのかを見つけることである。

その点で注目すべき指標は前項でふれた「イールドカーブ・コントロール（米長短金利差）」である。ここではさらにイールドカーブ・コントロールについての考察を進めてみたい。

一般的に短期金利はＦＲＢの政策金利に収斂する一方、長期金利は将来の景気やインフレ率などに影響される。期間が長くなるほどリスクが大きくなるため、通常は短期よりも長期の金利が高くなる（順イールド）が、足元の「米長短金利差」は０・５％まで縮小している。

米連邦準備制度理事会（ＦＲＢ）が利上げを進めて短期金利が上がる一方、運用難から世界の投資マネーが米長期債に流入し、長期金利の上昇を抑制しているためだ。

米連邦公開市場委員会（ＦＯＭＣ）が今年３～４回の利上げを実施すると、２０１８年は２００７年以来、約11年ぶりに米長短金利の逆転（逆イールド）が起こることになる。つまり、２０１８年は長短金利が逆転した２００６年～07年の時期に似てきたということである。

実は、この逆イールドこそがバブル崩壊のサインの１つなのだ。世界の上昇相場の転換点は、過去40年間に４回あった。１９８０年（第２次石油危機直前）、90年、２０００年、07年である。これらに共通するのは米国の「逆イールド」であり、ＦＲＢの利上げだった。そして、過去にこの逆イールドが起きた２０００年や06～07年から１～２年後に株価は大幅に下落し、米景気は後退している。

最近はＦＲＢ幹部からも長短金利差の縮小について警戒する発言が出ている。

12月の米連邦公開市場委員会（ＦＯＭＣ）で利上げに反対したミネアポリス連銀のカシュカリ総裁は反対理由として「物価停滞に加えて長短金利差の縮小への警戒」を挙げ、逆イールドは「過去50年間、すべての景気後退に先行してきた」と主張した。

だが、本当に警戒しなければいけないのは長短金利差が逆転後、再度、拡大し始めたときである。リーマン・ショック前、長短金利差が06年11月にマイナス0・19％と逆転する異常な状態となった後、リーマン・ショックが起きる過程で長短金利差は09年12月には2・86％まで拡がっているからである。

逆な見方をすれば、長短金利差が逆転するまでは現在の米国株式市場のバブルが継続することを意味し、強気を維持したほうが良いだろう。それがバブル相場だからである。

通常、中央銀行は景気後退を防ぐためにはマネー供給量の拡大、金利水準の低下で対抗するものである。それでも足らない場合、最後の手段として「イールドカーブ・コントロール」を使う。

どうしても株価を下げたくないＦＲＢはこれが劇薬であるのは承知のうえで実行している。それがいまの米国の実相にほかならない。

米欧日の先進国はこぞって、株価が下落すると困ることがたくさん出てくる。だから、密かに打ち合わせをして何とか踏ん張っているのだろう。

だからこそ、過去の定番となっていたジンクスが覆されているわけである。しかし、いくら先進国の中央銀行が必死に抵抗しても、これから行き着く悲惨なゴールは見えている。

その後のことについて各中央銀行はおそらくあまり考えていないのであろう。

原発の建設と一緒で、「何か起きたら、その処理はそのときになってから考えよう」くらいのものだと思う。

あるいは世界の株式市場を史上最高値まで釣り上げた後、今度は暴落過程で大儲けしようと企んでいるのかもしれない。もちろんその餌食になるのはわれわれ庶民である。

## ＦＲＢは必ずＦＦレートを上げてくる

「米10年物長期債券利回りと米ＦＯＭＣの政策金利」の図表を見ると、ＦＯＭＣが米長期金利を追いかけるように金利を引き上げる局面に入っていることがわかる。

ＦＯＭＣは後手に回りながらではあるが、市場が形成する長期金利を追いかけてＦＦレート(Federal Funds・政策金利)を上げていかざるを得ない。

とりあえず、10年物の利回りに追いつくまでＦＦレートを上げていくのであろう。それでも先にも述べたように、株価暴落を呼ぶ長短金利逆転の逆イールドになるのはどうしても回避したいから、きわめて繊細な匙加減が求められよう。

## 米10年物長期債利回りと米FOMC政策金利

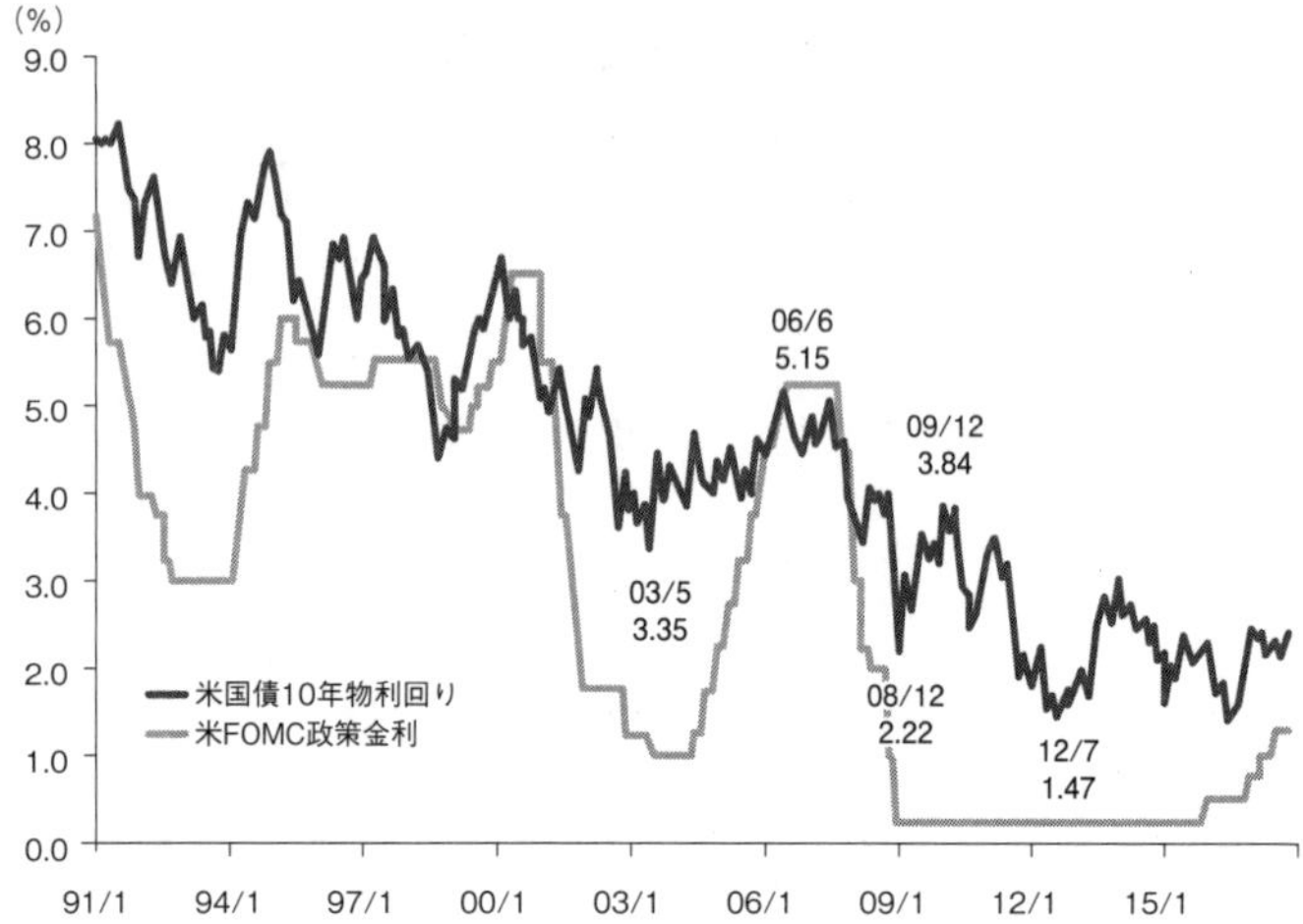


出所：T-Model

先にもふれたとおり、仮にＦＲＢが2018年の政策金利を3回上げると、現在よりも0・75％上昇する。一方で、仮に10年債の金利がまったく上がらなければ、両者の利回り格差は縮まるどころか逆転してしまう「逆イールド」になってしまう。

かたや米国の景気がおかしくなってきて、ＦＲＢが政策金利を下げる場面が来るのもまずい。なぜならＦＲＢが政策金利を下げれば、イールドスプレッド（10年-2年）を広げてしまうからで、そうするとＦＲＢが誘導したい金融緩和でなく金融引き締めになってしまう。

いずれにしても私は、ＦＲＢは10年物の利回りに追いつくまではＦＦレートを上げてくると考えている。大半のエコノミスト、アナリストは「これだけインフレ率が低いなかではＦＦレートを上げてこないのではないか」と予測するのだが、是が非でも金融緩和をしたいＦＲＢは、そんな外野の声は無視してＦＦレートを上げるはずだ。

彼らは勘違いしているようである。金利がインフレ率やＣＰＩと関係してくるのは10年物以降の長期債・超長期債の話で、２年物短期債、つまりＦＦレート決定には関係ない。

以上、解説してきたように、イールドカーブ・コントロール導入のハンドリングはきわめて繊細であり、綱渡りに近いものがある。表面的な数字のみでも理解しやすい量的緩和や金利水準とは異なり、運用の仕方で緩和策、引き締め策の双方に影響をもたらすからである。

将来の結果はどうであれ、日銀はそれを理解していたけれど、市場関係者や世間の人々は理解していなかったということになる。

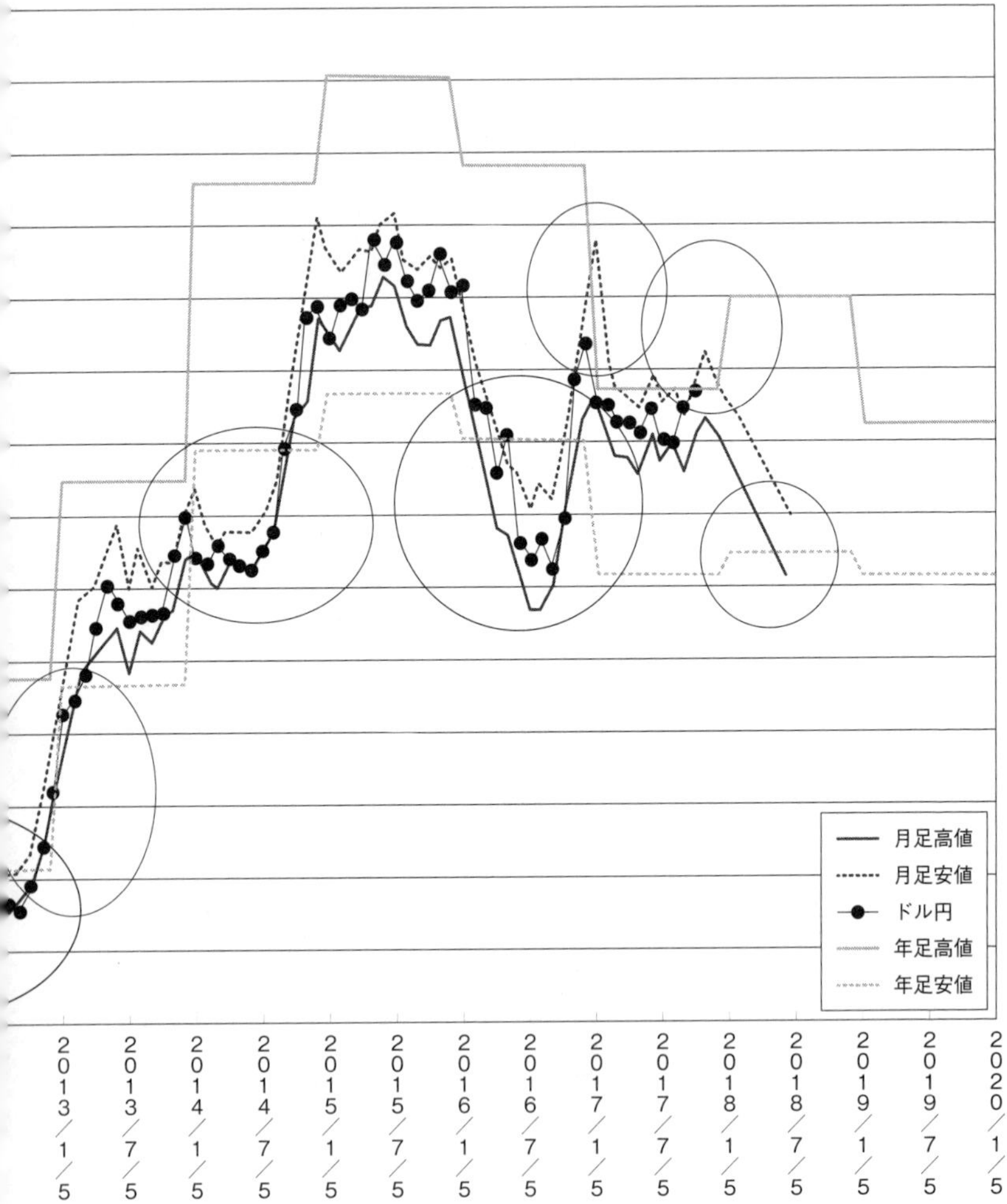

月足高値
月足安値
ドル円
年足高値
年足安値
2013/1/5
2013/7/5
2014/1/5
2014/7/5
2015/1/5
2015/7/5
2016/1/5
2016/7/5
2017/1/5
2017/7/5
2018/1/5
2018/7/5
2019/1/5
2019/7/5
2020/1/5

## ドル円（月足）とT2

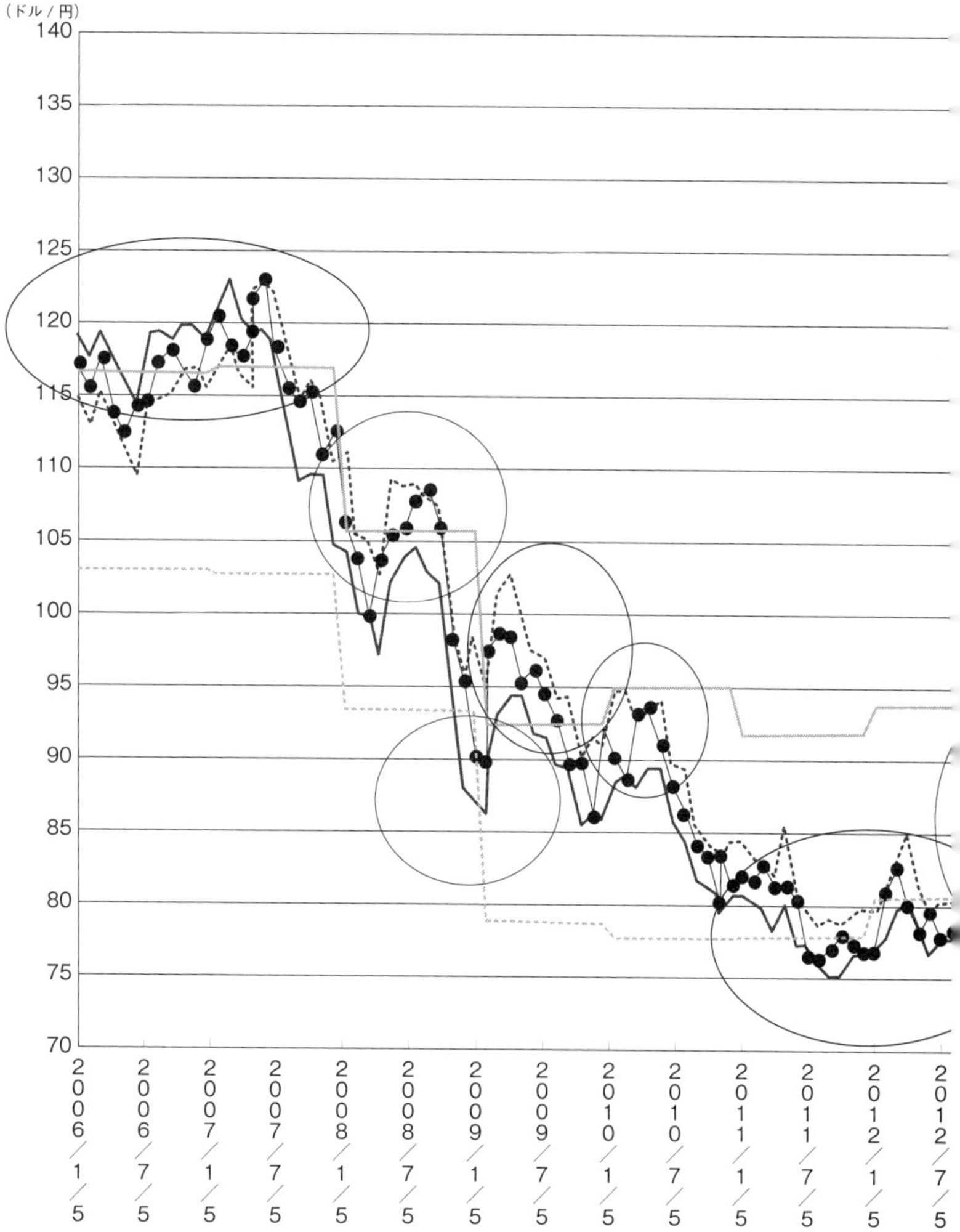
（ドル／円）
140
135
130
125
120
115
110
105
100
95
90
85
80
75
70
2006/1/5
2006/7/5
2007/1/5
2007/7/5
2008/1/5
2008/7/5
2009/1/5
2009/7/5
2010/1/5
2010/7/5
2011/1/5
2011/7/5
2012/1/5
2012/7/5

# 第3章

# フェイクで成立する米国経済

## 生産性の低下の元凶は経済のサービス化の進捗にある

米国を筆頭に先進国が足並みを揃えて株高にしなければならなかった理由を考察すると、みな低い経済成長率に苦しんでいるという実態が浮び上がってくる。

経済の低成長の原因は何か？ 生産性が上がらないからである。そしてその原因を突き詰めていくと、経済のサービス化の進捗に収斂される。

概してサービス業は合理化がしにくい。加えて、製造業とサービス業では、1人あたりの付加価値額が極端に違う。経済全体のなかで製造業のウエイトが低くなるにつれ、付加価値が落ちてきているし、軌を一にして生産性も落ちていく。

したがって、企業が合理化を大胆に進めたところで、なかなか生産性が上がりにくいといった現象が先進各国で起きている。日本も同様である。

米国では2007年から2016年の約10年間、製造業の生産性は年率で1・4％上昇したが、労働投入量は逆に年率1・1％減であった。つまり、少ない人数で付加価値を大きくしているから生産性が上がった。

逆に介護分野などのサービス業においては、労働投入量が2・8％も増えたにもかかわらず、付加価値額が小さいために生産性は０・９％低下してしまった。

つまり、世界一の経済大国である米国にしても、経済全体のなかでサービス業のウエイトが高まれば高まるほど、経済全体の生産性をどんどん落としているという現実に直面している。

ちなみに米国における製造業の生産性（1時間あたり付加価値生産額）は73ドル。これに対して介護分野は18ドルでしかない。両者の間には4倍の格差が生じている。

製造業からサービス業へ人口がシフトされることは、言葉を換えると、73ドル産業から18ドル産業へと人口が移っているわけである。

こうした現象はどの先進国にも見られ、どんどん生産性が落ちている、生産性が落ちるから給料も増えないという悪循環に陥っている。

よくサービス業においてもＩＴやＡＩをもっと強化すれば生産性は上がると主張している向きがあるが、それはナンセンスである。ＩＴ化、ＡＩ化を磨いて生産性がぐんと上がるのは製造業であって、付加価値の低いサービス業ではたいした効果は見込めない。たかが知れている。

いまや世界第2の経済大国となった中国もそうしたフェイズに踏み込みつつある。２０１０年代に入ると、第1次産業は34％から27％に減少、第2次産業は24％で横ばいで推移する一方、第3次産業は42％から49％に上昇をみせた。

脱農業化とサービス化が進捗する中国の最大の問題も、産業間の生産性格差ということになる。中国の第2次産業の生産性（1人あたり年間付加価値生産額）が1万5500ドルに対し、第3次産業のそれは6800ドルに過ぎず、2・4倍の厳然たる格差がある。ついでに申し上げておくけれど、第1次産業はご多分に漏れず、1900ドルでしかない。

## 米国を支え続けてきたローン拡大経済

経済全体の生産性と賃金が上がらないなか、国家の経済成長を支えるのは何かというと、それはやはり国民による消費なのである。

たとえば米国のGDPの約7割は個人消費が占めるし、日本も約6割をキープしている。米国について言えば、賃金が伸びない逆境のなかで毎年若干の経済成長を支えているのは、ローン拡大をベースにした堅調な消費といえる。

各種ローンの拡大が若干の経済成長の源となっているわけだが、仮にこの消費拡大がなければ、米国のGDPはマイナス成長になるかもしれない。

だからこそ、米国は量的金融緩和により、不動産価格や株価を上昇させ、その資産価格の上昇でローンを拡大させる政策を採ってきたわけである。

ローン拡大で負債が増えたとき、それに見合う資産価格の上昇があればそれでバランスがとれるとする考え方だ。

米国の人たちはこれを延々と続けてきた結果、直近の家計の貯蓄率は３・１％とリーマン・ショック直前の２００７年以来の低水準となっている。

それでは景気が悪くなって不動産価格が暴落、株価が暴落となると、イケイケドンドンで拡大させてきた家計のバランスシートはどうなるのか？ 資産価格が大幅に減っても、負債額は減らないので、バランスがとれなくなる。

それで自己資本を食い潰すような方法をとるしかなくなるわけである。

最近では東芝が債務超過により経営破綻寸前まで追い込まれたのもこれだし、１９９０年からの日本のバブル崩壊で起きたこともこれであった。

資産である不動産と株が暴落したけれど負債だけは残ったから、それが不良債権になった。それを受けて、銀行が債権放棄し、不良債権額を減らした。これをやらない限り、不良債権額は減らない。このようにバランスしないと、企業は潰れてしまう。

企業ならまだマシかもしれない。いま、それが国単位で起きている。米国という世界最大の経済大国で。

いま、米国の景気は世間がいうほど良くはない。けれども株価だけは絶好調の様相を呈している。株価を上げ続けて、ローンを拡大させ続けて、消費を増やし続ける。クリスマス前のブラックフライデーの大イベントもそのためにある。

この見せかけの好循環が止まれば、米国のバランスシートは一気に債務超過となり、世界経済はこれまで経験したことのない衝撃と大混乱に見舞われるに違いない。

## なぜ米国企業は借金をしてまで自社株買いに奔走するのか？

ここからは米国の債務、つまり借金がいかほどのものかをチェックしていこう。

まずは「米家計債務と前年比」の図表。家計債務とは個人の借金のことだ。

2008年第3四半期に約12兆6700億ドル、約1200兆円だったのがリーマン・ショック後に少し減ったけれど、再度増えてきて、2017年第3四半期には約12兆9500億ドル、約1300兆円と過去最高を更新した。これを支えているのが株高、土地高なのである。

もっとひどいのが企業の債務残高だ。「米企業債務残高と前年比」を見てみよう。

リーマン・ショック前の2005年第4四半期には3兆ドルだったものがどんどん増え続けて、2017年第2四半期時点で6兆ドルに達した。

株高で、消費が活発で景気は堅調、失業率も最低水準だという米国の企業の債務がどうして

## 米家計債務と前年比

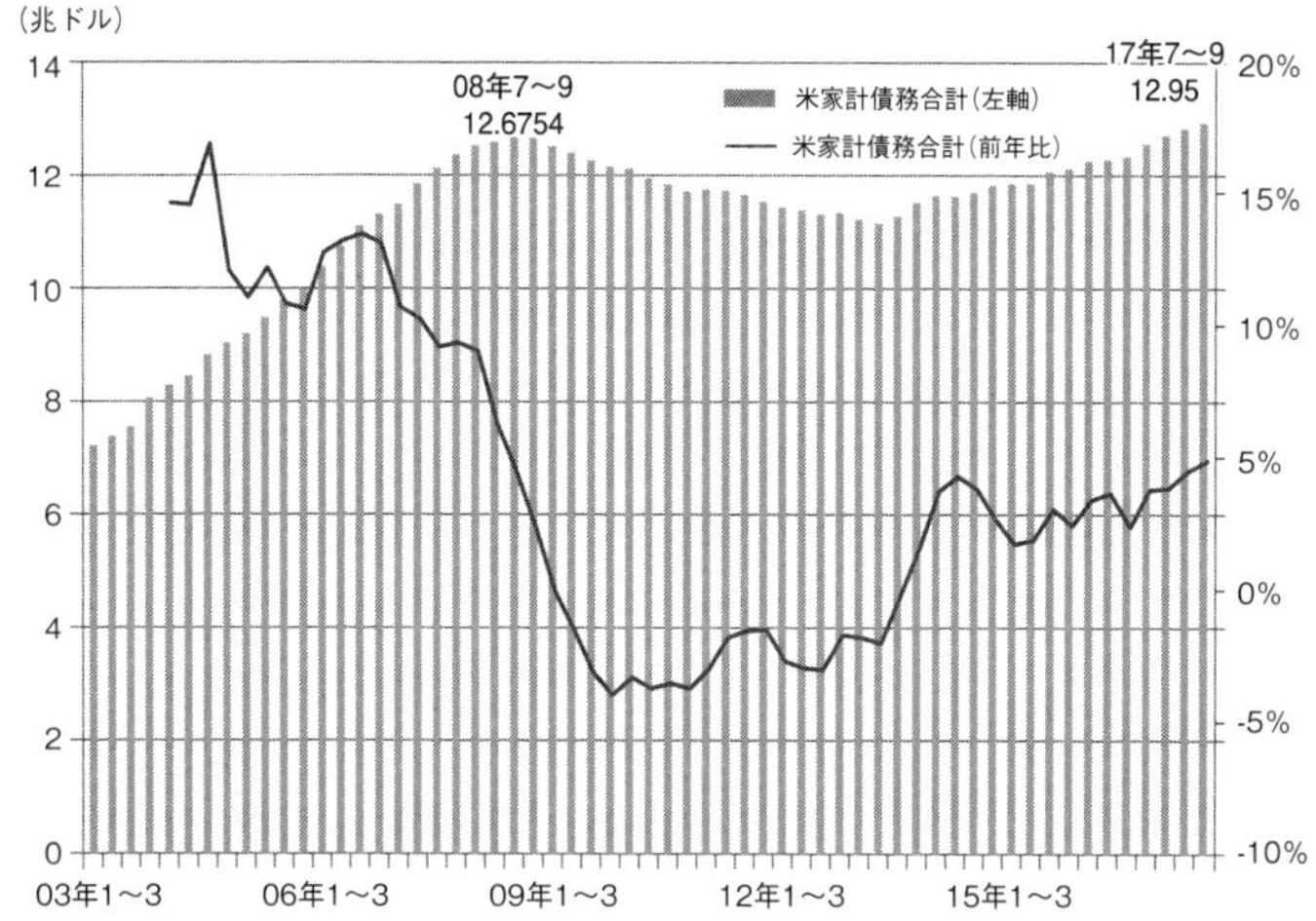


出所：T-Model

## 米企業債務残高と前年比

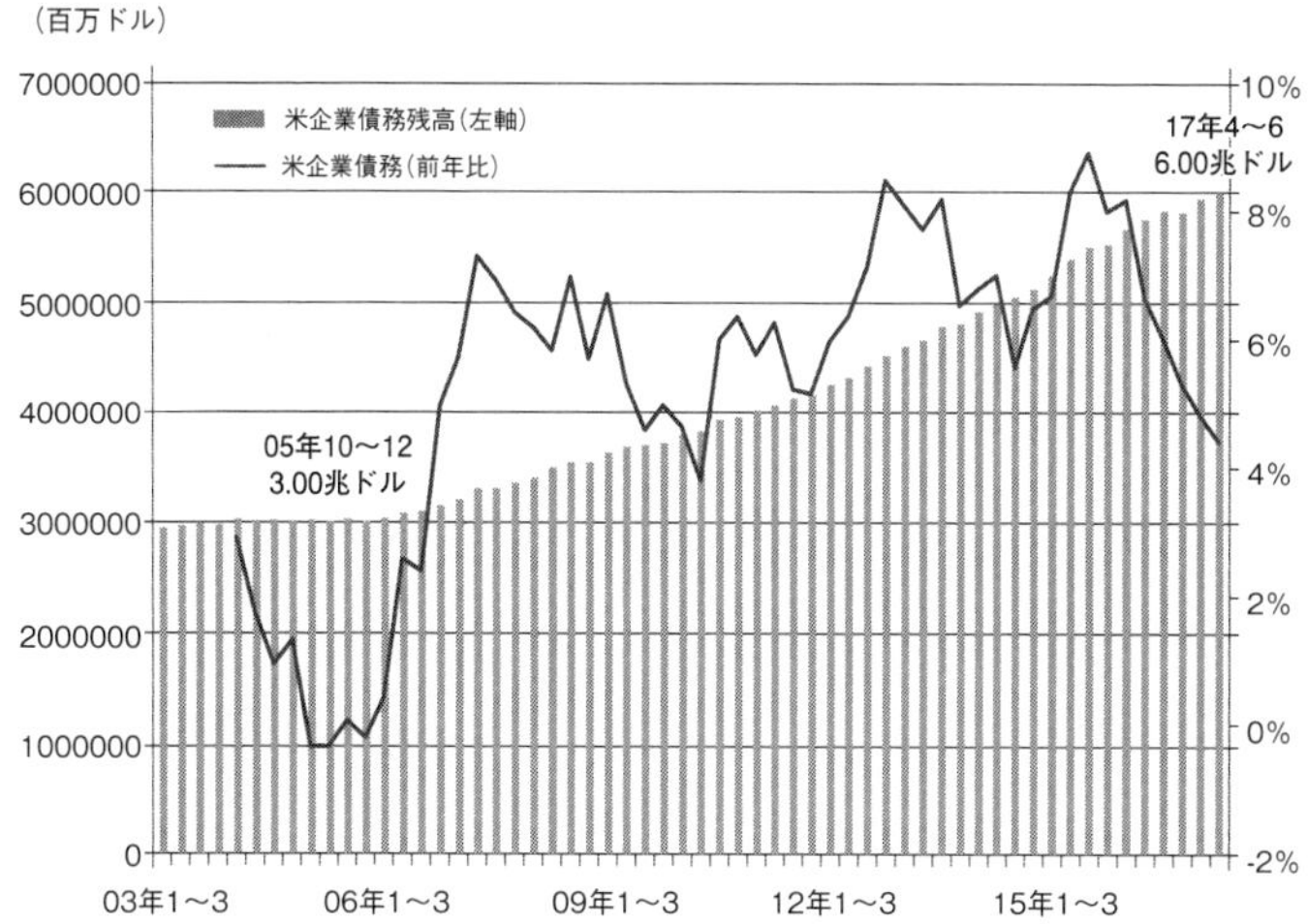


出所：T-Model

ここまで増えているのだろうか。どうしてそこまで借金をしなくてはならないのだろうか。

米国の企業債務残高と同じような伸びを見せているのが日本企業の内部留保残高で、まったく逆方向なのが興味深い。

タネ明かしをすると、米国企業が借金をして延々と買い続けているのは米国株なのだ。しかも、「自社株買い」をしているわけである。

実は2017年になってからファンドや年金は米国株をあまり積極的に買い込んではおらず、もっぱら企業が自社株買いをしている。それで株価を上げているのが現実である。

いま米国で起きているのはこういうことだ。

企業が銀行から借金をして、自社株買いをするから、自己資本が減る。バランスシート全体から見ると負債が増えている。

これで何が起きるか。ROE（リターン・オブ・エクイティ＝自己資本利益率）を上げられるのだ。負債を増やして自己資本を減らしたら、利益は同じでもROEは上がる。

日本の企業でもよくROEを上げろと言われているけれど、米国は自社株買いをして上げているわけだ。

当然ながら、自社株買いする経営者は、株価を上げれば巨額のボーナスがもらえるというオプションのためにも動く。

ここがいまの米国の株高のいちばんのポイントではないかと思う。

## 資産が先行して増え続けることで成り立っていた米国経済

「対ＮＹダウ米家計債務比率」の図表を見ると、２００７年第３四半期から２０１７年第１四半期まで連れ添うような動きを見せてきた。

明確なのは、ＮＹダウが上昇を続けてきたここ８年間、対ＮＹダウ米家計債務比率は順調に低下してきたことだ。

この形で併走しているうちは問題ないけれど、家計の負債が増え続けながらＮＹダウが落ち込んでくると大変なことになる。この図表の限りではまだ大丈夫だが、ＮＹダウが対ＮＹダウ米家計債務比率の下に来る、つまり、この形が逆転したときには転換点となって、ＮＹダウは大暴落し、対ＮＹダウ米家計債務比率は急拡大する運命にある。

それはリーマン・ショック後の２００９年第１四半期のところに如実にあらわれている。

図表「対ＮＹダウ米企業債務残高比率」が示すように、企業債務についてもまったく同じ考え方をすればいいと思う。

## 対NYダウ米家計債務比率

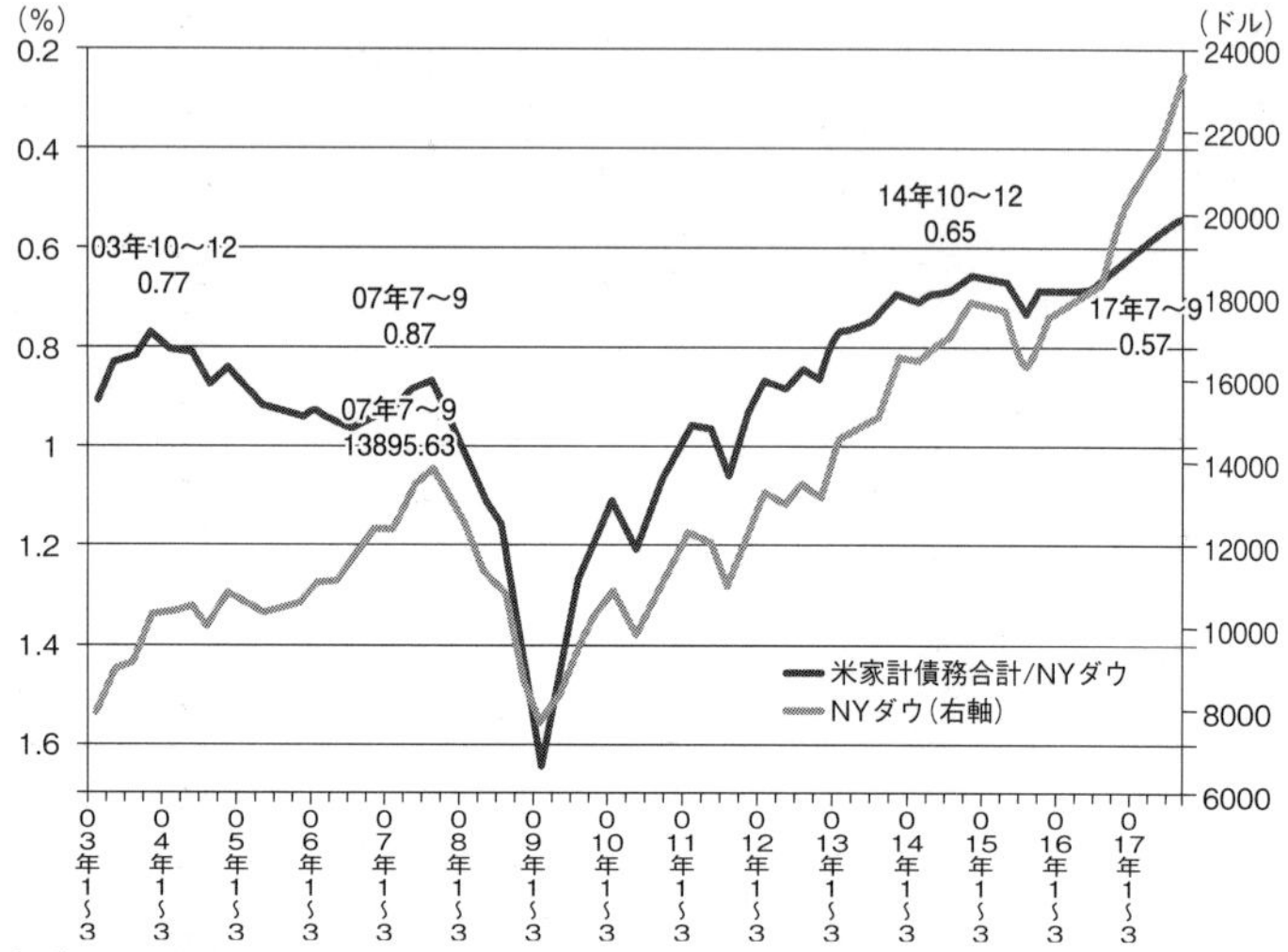


出所：T-Model

## 対NYダウ米企業債務残高比率

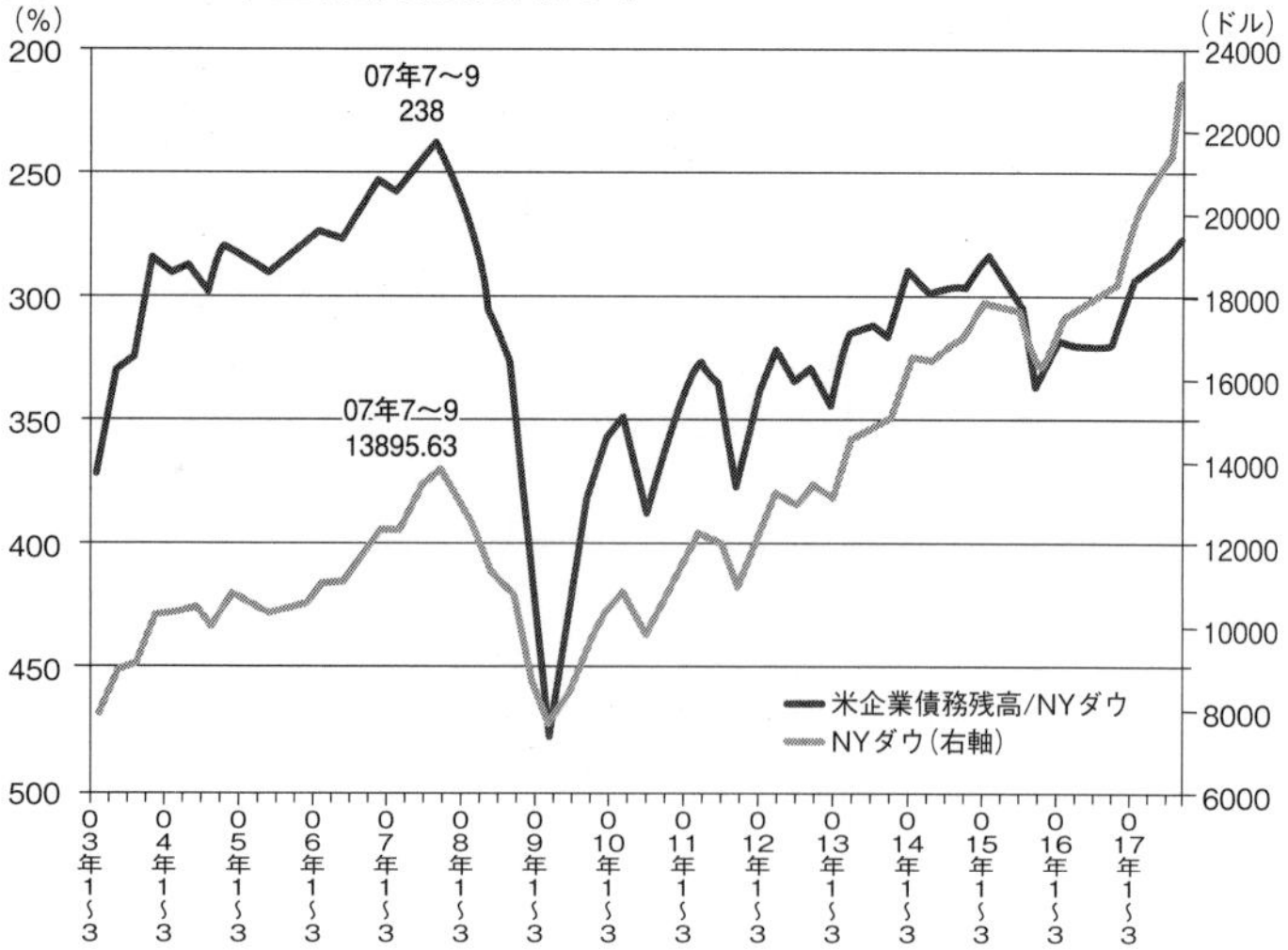


出所：T-Model

これも先の「対ＮＹダウ米家計債務比率」同様、左側の目盛りは逆目盛で下に行くほど対ＮＹダウ債務比率が増えていくのだが、やはりＮＹダウが対ＮＹダウ企業債務残高比率を下回るときが危ない。

ただ単に債務残高が増えているから危ないのではなく、資産が先行して増え続けていれば米国経済は成り立っていくことを、この図表を見て認識していただきたい。

だからこそ米国は株高を続けていかなければならないのである。

## 世界経済の「延命維持装置」となっている全世界的株高

２０１６年の通貨供給量は全世界のＧＤＰ（国内総生産）総額を16％上回る87・９兆ドル（約1京円）まで膨れ上がった。２００６年からの10年間で76％もの急増をみた。

マネー供給の主役は当然ながら主要各国の中央銀行で、２００９年以降、10年前の４倍というとてつもない額のマネーを刷った。

ここで重要な問題が発生した。２０００年代半ばまで約半世紀にわたって一致していたマネーの増加と実体経済の成長が次第に〝乖離〟し始めたのだ。

先にふれたように、経済のサービス化進捗により、いくらマネー供給を増やしても生産性が上がらない。経済成長率を上げることがままならなくなっているのである。

それでも世界各国は経済成長を続けなければならない。

とりわけ先進各国においてはローンバブルが資産バブルを形成し、今度は拡大した資産バブルがローンバブルを形成するという順回転のもとで消費拡大を促してきたわけだが、それは経済成長を続けるための「延命維持装置」でしかない。

もはやそれ以外に方法が見当たらないので、この延命維持装置にすがりついているのが実相である。

けれども、延命維持装置はいつまでも機能するものではなく、いつかは外さなければならないときが訪れる。米欧の中央銀行が緩和から正常化へと舵を切り始めているのは、そのときが近いことを教唆しているようだ。

いずれにせよ、延命維持装置がストップしたとき、資産バブルのバブル分は吹き飛び、ぱんぱんに膨らみ切ったローンバブルだけが残ることになる。

そしてそのツケを払わされるのは世界の大衆なのである。

## 衰え始めている米国株の磁力

いま世界の株式時価総額は過去最高にまで上昇しており、米国も日本も過去最高の時価総額となっている。

「世界の株式時価総額に占める各エリアの比率」を見ると、やはり米国の伸びが著しいことがわかる。ボトムだった２０１０年から２０１６年までに13％もシェアを増やし、いまでは世界の半分以上を占めている。

その他のエリアはどうか。この6年間、日本のみが僅かに０・６％だけ伸ばしているだけで、ヨーロッパ、アジア太平洋、エマージング、ＢＲＩＣＳは押しなべてシェアを落としてしまっている。

米国に一極集中してお金が集まっていることがＮＹダウを押し上げてきたわけだが、ここに来て変化が見られる。

「米国株式時価総額／世界株式時価総額とＮＹダウ」の図表を見てほしい。

２０１６年11月に世界シェア53・３％でピークをつけたのが、２０１７年10月には51・４％に下落しているのである。シェアが微妙に落ちてきたのは、市場が「米国の50％以上のシェア

## 世界の株式時価総額に占める各エリアの比率

| | 2010/9/1<br>(ボトム) | 2016/11/1<br>(ピーク) | 増減 |
|---|---|---|---|
| 米国 | 40.4% | 53.3% | 12.9% |
| 日本 | 8.0% | 8.6% | 0.6% |
| ヨーロッパ | 26.4% | 19.9% | -6.5% |
| アジアパシフィック | 16.1% | 14.2% | -1.9% |
| エマージング | 12.8% | 8.8% | -4.0% |
| BRICS | 7.3% | 4.5% | -2.8% |

出所：T-Model作成

## 米国株式時価総額／世界株式時価総額とNYダウ

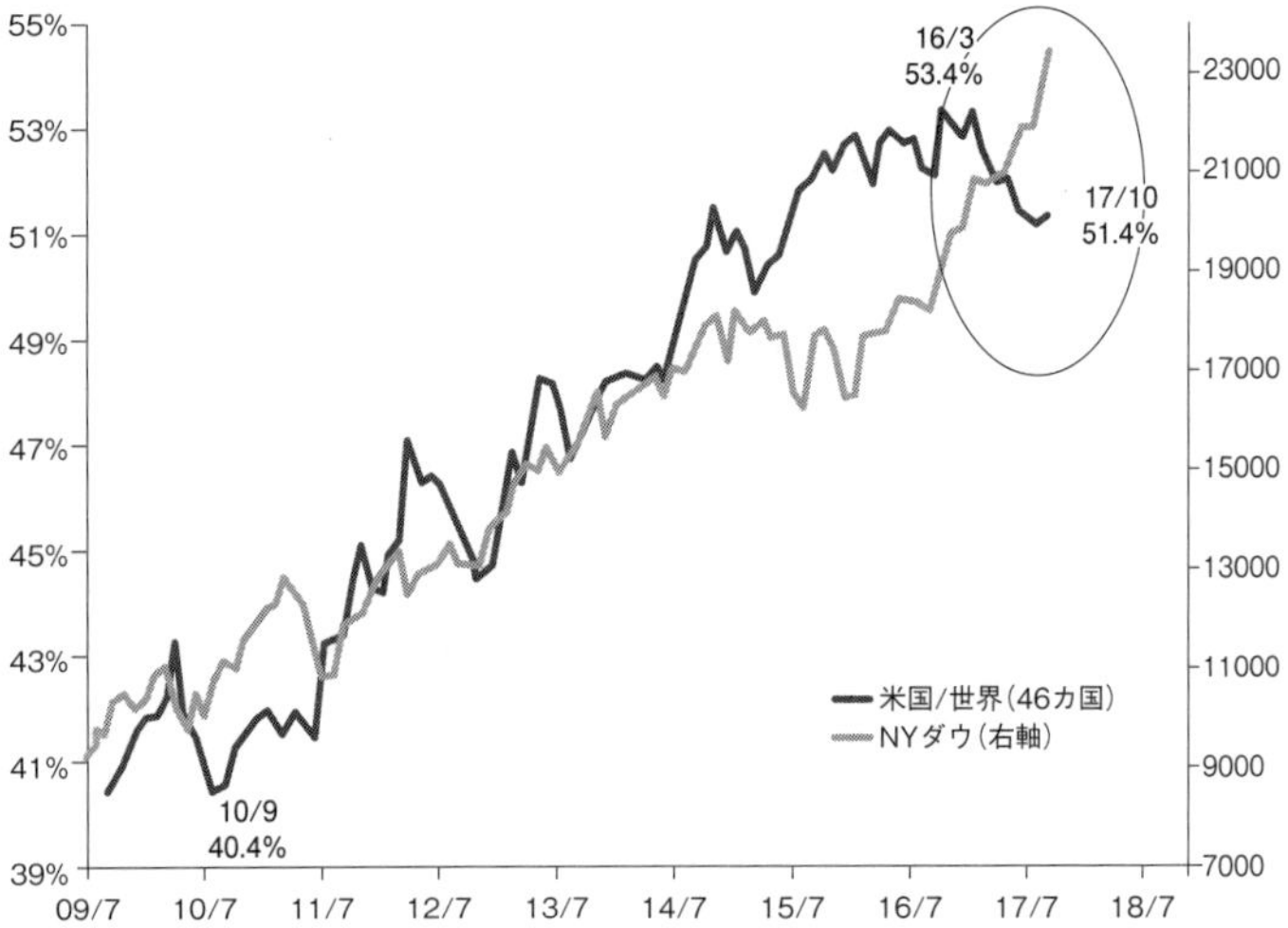


出所：T-Model

## 米国株式時価総額／世界株式時価総額とドル・インデックス

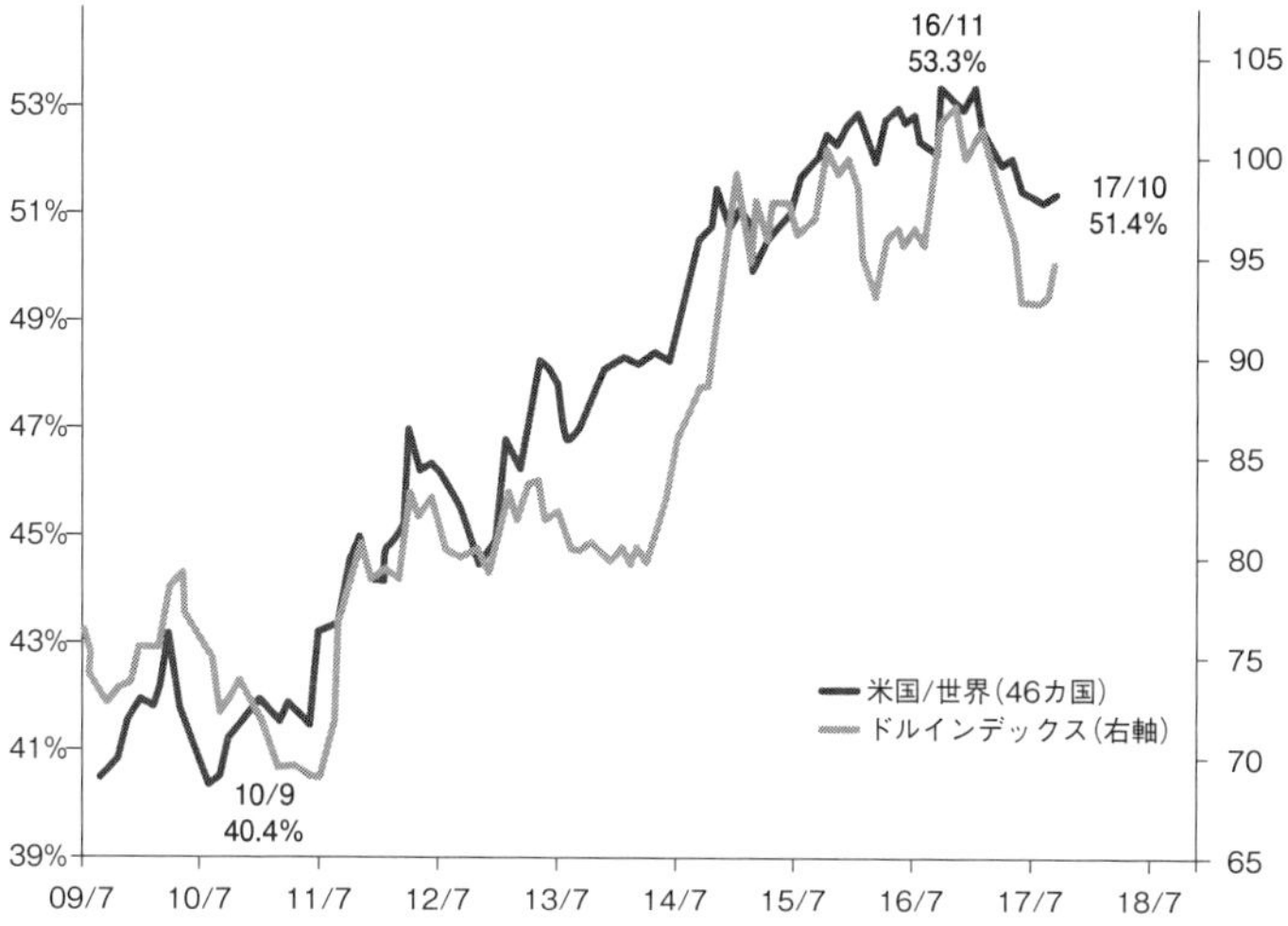


出所：T-Model

は危ないのではないか。マネーが集中しすぎではないか」とのメッセージを送り始めているのではないだろうか。

その一方で、依然としてNYダウは上がり続けているので、図表のようにこの2つははっきりと乖離を見せ始めてきた。

この株式の世界シェアと連動している重要な指標がある。それがドル・インデックスだ。

貿易量などを踏まえ、ユーロ・円・ポンド・スイスフランなど相対通貨に対する米ドルの価値を総合的に弾き出した指数である。ドル円のように対1通貨のみの為替レートに比べて、ドルの価値をより正確に算出できることで信頼性に長ける。

ドル・インデックスとは、世界の金融市場の方向を推察するうえでもっとも重要な指標といっても過言ではない。

「米国株式時価総額／世界株式時価総額とドル・インデックス」の図表のとおり、米国のシェアがピークのときにドル・インデックス、要はドルの価値もピークをつけている。

そして2017年に入って米国がシェアをやや落とし始めると、それに付き合うようにドル・インデックスもピークアウトして落ちだした。

ここで問題になるのは、先刻説明したように、米国のシェアもドル・インデックスも下降局面に入っているにもかかわらず、NYダウだけが乖離して上昇していることであろう。

この現象は何を意味するのか。これまでNYダウは世界からお金を集めて株を押し上げてきた。だが、それがメインのエネルギーではなくなりつつある。それに代わってNYダウを押し上げようとしているのが米国企業による「自社株買い」なのである。これについては先に詳細を解説済みである。

したがって、2017年に入ったあたりから、これまでのように世界のマネーが米国株に集中する勢いが翳《かげ》ってきたと考えていいだろう。米国株の磁力が衰えてきたのだ。

## 米ドル・インデックス

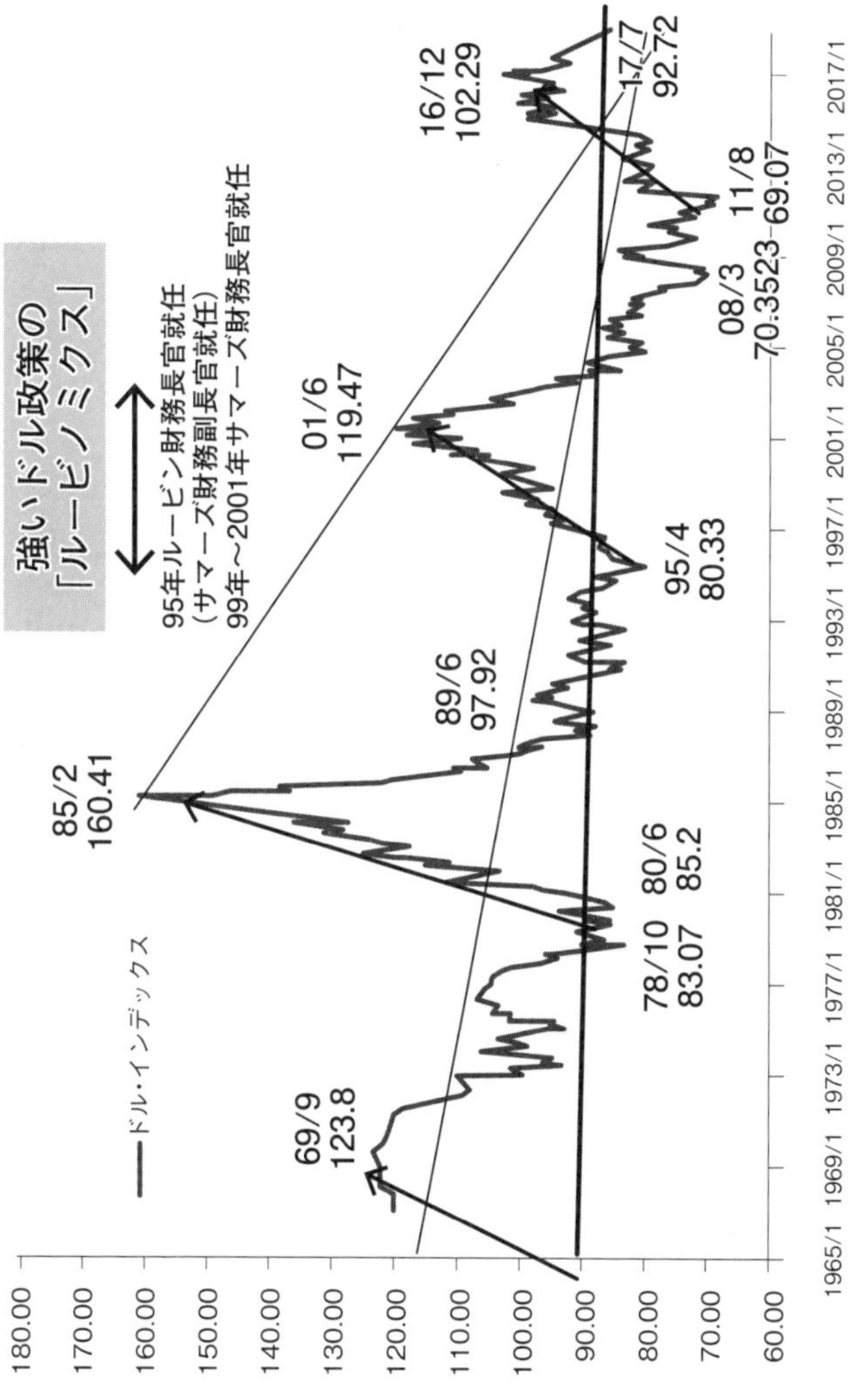


出所：T-Model

## ドル・インデックスがピークをつけた後に待っていること

ドル・インデックスにはサイクルがあると、私は著書や講演を通じて何年も前から伝えてきた。

超長期的な基本としては、ドルはずっと右肩下がりで価値が落ちている。ところが、図表「米ドル・インデックス」が示しているように、突然上昇する局面が存在する。

何かをするために、だいたい15年から16年ぐらいで無理矢理にピークをつけに上げてくる。これからドルはぐんぐん上がるという考えの人が結構多い。けれども、私はかねて「ドルは15～16年サイクルでピークをつけるから、ドルのここから先の上げはないのではないか」と逆の意見を述べてきた。

本書を執筆している2018年2月中旬時点では、2014年以来となる90割れとなり、ピークアウトが鮮明化、もう上がらなくなってきている。

図表のとおり、ドル・インデックスがピークを打つときには必ず「ルール変更」が起きる。簡単に言えば、米国が自国の借金を減らすために通貨や金融のルールを変えてくる。その繰返しで、米国という国家は生き延びてきたわけである。

歴史を紐解いてみよう。

米国は1969年にドル・インデックスのピークを付けて2年後の1971年8月、ニクソン・ショックを起こした。ドル・インデックスがピークからボトムへと進む過程で第2次オイル・ショックが起こった。

次のピークの1985年にはプラザ合意が行われ、その後、ボトムを付ける過程で円は史上最高値を付け、日本は阪神・淡路大震災に見舞われた。

2001年にはピークを付けた直後に9・11同時多発テロが発生した。そして、ボトム時の2010年には欧州債務危機が勃発した。

このように、ドル・インデックスがピークを打ち、その後、ボトムに進む過程で、不幸を世界中にばら撒いた格好になっている。だいたいドル・インデックスのピークからボトムまで9～10年を費やしており、それだけ長期間、世界にダメージを残すわけだ。

今回もドル高政策を打ってきた米国は最後の最後にルール変更を狙っているのではないか。引き付けて引き付けて、ドカンという形を踏襲するのだろう。

## 調整が施されているとしか思えない恐怖指数の低さ

「恐怖指数」というインデックスをご存知だろうか。

正式名は「ＶＩＸ（Volatility）指数」で、シカゴ・オプション取引所がつくり出した「ボラティリティ・インデックス」の略称である。米国の代表的な株価指数「Ｓ＆Ｐ５００」を対象とするオプション取引の値動きを元に算出・公表される。

ＶＩＸ指数は投資家心理を示す数値として利用されており、「恐怖指数」とも呼ばれている。

通常時10〜20の範囲内で動き、相場の先行きに不安が生じた際に数値が大きく上昇する特徴がある。以下はＶＩＸ指数が大きく上昇した時期だが、当時、何が起きていたか再確認してみよう。

| 恐怖指数 | 時期 | 発生場所 | 危機ネーミング |
|---|---|---|---|
| 39・0 | 1997年10月 | タイ、韓国など | アジア通貨危機 |
| 49・5 | 1998年10月 | ロシア | ロシア危機・LTCM破綻 |
| 49・4 | 2001年9月 | アメリカ | 同時多発テロ |
| 48・5 | 2002年7月 | アメリカ | エンロン不正会計事件 |
| 80・0 | 2008年10月 | アメリカ | リーマン・ショック |
| 80・9 | 2008年11月 | 全世界 | 世界金融危機 |
| 56・7 | 2009年1月 | ロシア | ルーブル危機 |
| 53・3 | 2015年8月 | 中国 | チャイナショック |

この恐怖指数の統計が初めて発表されたのは１９９３年。奇妙なことに２０１７年の恐怖指数は24年ぶりに最安値を更新しているのである。

本書で私はバフェット指数が１５０％に上昇し非常に割高な水準となっていることをはじめ、多くの事象を俎上に上げ、米国を中心とした経済危機の発生が迫ってきており、もはやそれは回避できないと縷々《るる》記してきたのに、２０１７年の恐怖指数の値は８・８〜９・６でしかなかった。

これは先進各国の中央銀行が協力して株高を演出しているのと同様、ボラティリティが上がらないような調整が施されているとしか思えない。世の中の兆候、歴史的な考証から、現実とこれほどの乖離した数字はつくられたものと考えるのが自然であろう。

したがって、どこかで突然それができなくなるときが来ると思っていたが、2月5日、NYダウが1日の下げ幅が過去最大となった暴落でVIX指数が急騰、2月6日には夜間取引で50の水準に達した。そして、VIX指数を空売りする「S&P500VIXインバースETN」が9割超の大暴落。1日で80％下落すると強制償還する、いわゆる「即死条項」が適用され、適温相場を満喫して「VIXベア」などを買っていた世界の投資家は一瞬にして39億ドル（約4300億円）の大半を失った。つまり、VIX指数を押さえ込んできた相手がいなくなったことを意味し、今後はVIX指数が上昇しやすくなる大きな転換点になった。

ただ、今回のNYダウの暴落やVIX指数の急騰は変化の始まりを意味するに過ぎず、史上最高値を更新してきた米国の株価は2018年秋以降のどこかの時点で、天井を打って暴落するだろう。それは今回の「VIXベア」ETF・ETN価値消滅が08年のリーマン・ショックの〝前兆〟となった07年6月の米ベアスターンズ傘下のヘッジファンド2本の破綻や07年8月のミュチュアルファンド解約不能となった「パリバ・ショック」に匹敵する事件だからである。

われわれは今後、リーマン・ショックのような金融危機がいつなのかを、論理的に詰めていけばいい。だが、まだわれわれは別に金融危機本番前の「延長戦」について行ってもいい。なぜなら、われわれは本書で示してきた、あるいはあとで示すような、暴落の予兆をキャッチできる先行指標をいくつも持っているからである。

巨額資金を運用するカルパースのように、いち早く動く必要はない。

## 先送りされた西暦末尾「7」の年に起きる経済ショック

歴史を振り返ってみると、西暦で下一桁に7のつく年、要は「丁（ひのと）」の年が危険であることがわかる。丁は「T字路」、行き止まりをあらわす。行き止まりになると、右か左に行かなければならない。私が得意とするサイクル的にも、暦の分析を試みても、もともと7のつく年はおおいに不吉さを孕んでいる年なのである。

日本においては今から120年前の1897年に「貨幣法」が制定され、明治政府は貨幣をいつでも金と交換できる兌換紙幣の発行を目指し、金本位制への移行を決めた。

60年前の1957年には3年前から続いたいわゆる神武景気が力尽き、同年7月には景気が急速に冷え込み、「なべ底不況」を迎えた。

近年では世界的に大衝撃をもたらす事象が計ったように発生した。

1987年にはブラックマンデーが起きた。

1997年にはアジア通貨危機、翌年にはロシア危機に見舞われた。2007年にはサブプライム・ローン崩壊が発生、翌年のリーマン・ショックへと連鎖し、ついにはグローバル恐慌を招いた。

このきっちり10年ごとに起きた3つの経済事件には基本的な共通点がある。それはいずれもFRBの金融引き締めのスタート時期と密接な関係があるということだ。

引き締め始めて1年後にブラックマンデー、引き締め始めて3年後にアジア通貨危機、やはり引き締め始めて3年後にサブプライム・ショックが起きているからである。

今回にしても2015年12月から引き締めが始まっており、本来なら2017年に何か衝撃的な経済事件が起きてもなんら不思議はなかった。

だが、先に記したように、米国では民主党から共和党への政権交代1年目に株価は暴落するというジンクスが破れ、それどころか歴史的なブル相場となったのをはじめ、過去のジンクスはあからさまなまでに通用しなかった。

本書で説明してきたように、それを起こさせないよう欧米日の中央銀行が協力して上げ相場を作り上げ、経済崩壊の先送りをしたからにほかならない。

しかしながら、経済状況は決して好転したわけではない。

# 第４章

# 見かけ倒しの欧州経済

## 2018年1月から量的緩和を縮小するECBの悩み

2017年10月26日、ECB（欧州中央銀行）理事会が開催され、同理事会で量的緩和の縮小を決定した。

ECBは2018年1月から量的規制緩和政策で買い入れてきた資産の購入額を、月間600億ユーロ（約8兆円）から300億ユーロに半減する。ただし、量的緩和の期限については従来の2017年末までを2018年9月まで延長するとした。

これを見て、市場に安堵感が漂った。緩和的な金融政策が続くとの見方が広がったのだ。2013年5月～6月、量的緩和の早期縮小に向けた出口戦略にふれ、市場が大きく調整（急落）したいわゆる「バーナンキ・ショック」の再来は回避できたと認識したからであった。

いま市場で問題視されているのが欧州債券市場のバブル化だ。特に低格付けのハイイールド債が買われ過ぎている。2年前には米5年債利回りより4％も高かったユーロ圏のハイイールド債は、現在は2・2％程度まで下がってほぼ同水準となっており、ハイイールド債バブルが起きている。

これほど金利が動いていることから、ハイイールド債バブルが一気に弾ける危険性が高まってきたのだ。

２０１７年12月の欧州委員会が発表したユーロ圏景況感指数は１１６と、リーマン・ショック前の２００７年５月の１１２以来の高水準であった。この景況感の改善を支えてきたのはユーロ安にほかならない。

ユーロ安に後押しされて、ユーロ圏の消費者物価指数も２０１５年１月のマイナス０・６％から２０１７年２月の２・０％まで大きく上昇している。

ただし、このまま景況感が改善していくようだとインフレ圧力が強まり、現在のゼロ金利にも手を付けなくてはならなくなる。

ＦＲＢの金融正常化は２０１５年に量的緩和を先に止めて、それから金利を上げ始めるというものであった。ＥＣＢもそれに倣い、２０１８年１月から量的緩和の縮小に入った。すると、次は金利ということになる。

本当は金利を動かさない形でいたいけれども、ユーロ圏の景況感が上向き続け物価が跳ね上がってくる場合、その舵取りが非常に難しくなってくる。

ユーロ圏発の金利の急騰は、欧州債券市場のバブル崩壊を招く。同時にそれが米国市場に波及すれば、資産価格の大幅な調整局面は避けられないであろう。

## ユーロドルと乖離している原油価格の修正が起きればどうなるのか？

ユーロ圏の経済成長を支えてきたのがユーロ安であったことは、「ユーロ圏景況感指数とユーロドル」の図表を見ても明らかである。

右側の目盛りはユーロドルで、上に行くとユーロ安、下に行くとユーロ高。景況感指数が非常に悪かったときはユーロ高だったけれど、そこからユーロ安に動いて現在に至っており、ユーロ安がユーロ圏の景況感を支えていることがよくわかる。

そして、「ユーロ圏景況感指数と消費者物価指数」の動きを示す図表を見ると、ユーロ圏の消費者物価が景況感よりも若干遅れて動いていることが見て取れる。

けれども、不自然な動きをしているところも見られる。通常ならばパラレルに上下動を繰り返してきた両者が、2014年から2016年末あたりまで乖離している。

この乖離の要因は原油安であった。1バレル26ドル台まで原油価格が急落したため、物価が下落したのだ。しかしながら、このところ原油価格はWTIで60〜65ドルを超えてきており、70ドル突破も時間の問題かもしれない。すると、景況感に引っ張られて、物価が上がる可能性が強くなることを考えなければならない。

## ユーロ圏景況感指数とユーロドル

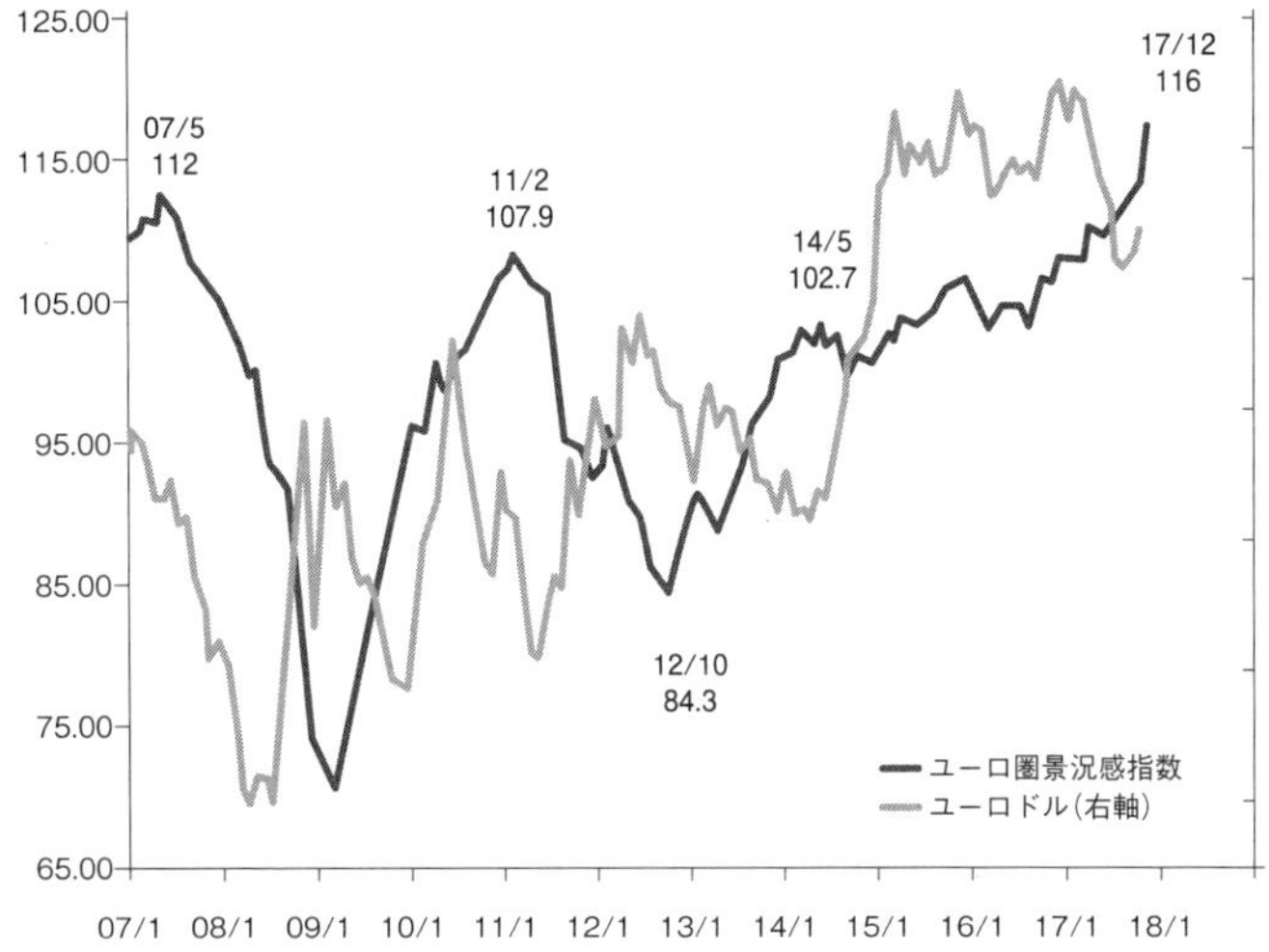


出所：T-Model

## ユーロ圏景況感指数と消費者物価指数

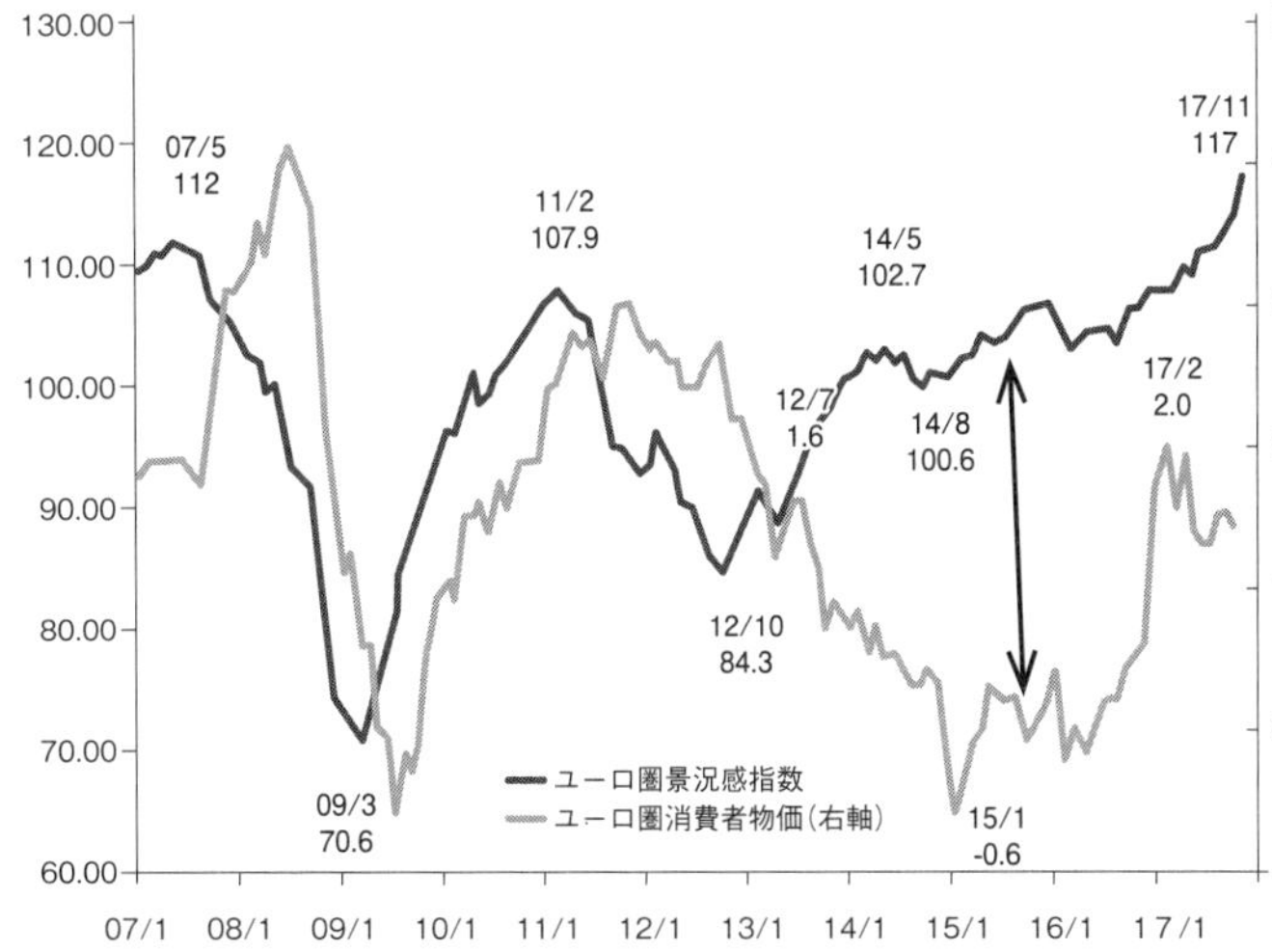


出所：T-Model

## ユーロドル(週足)とWTI原油価格

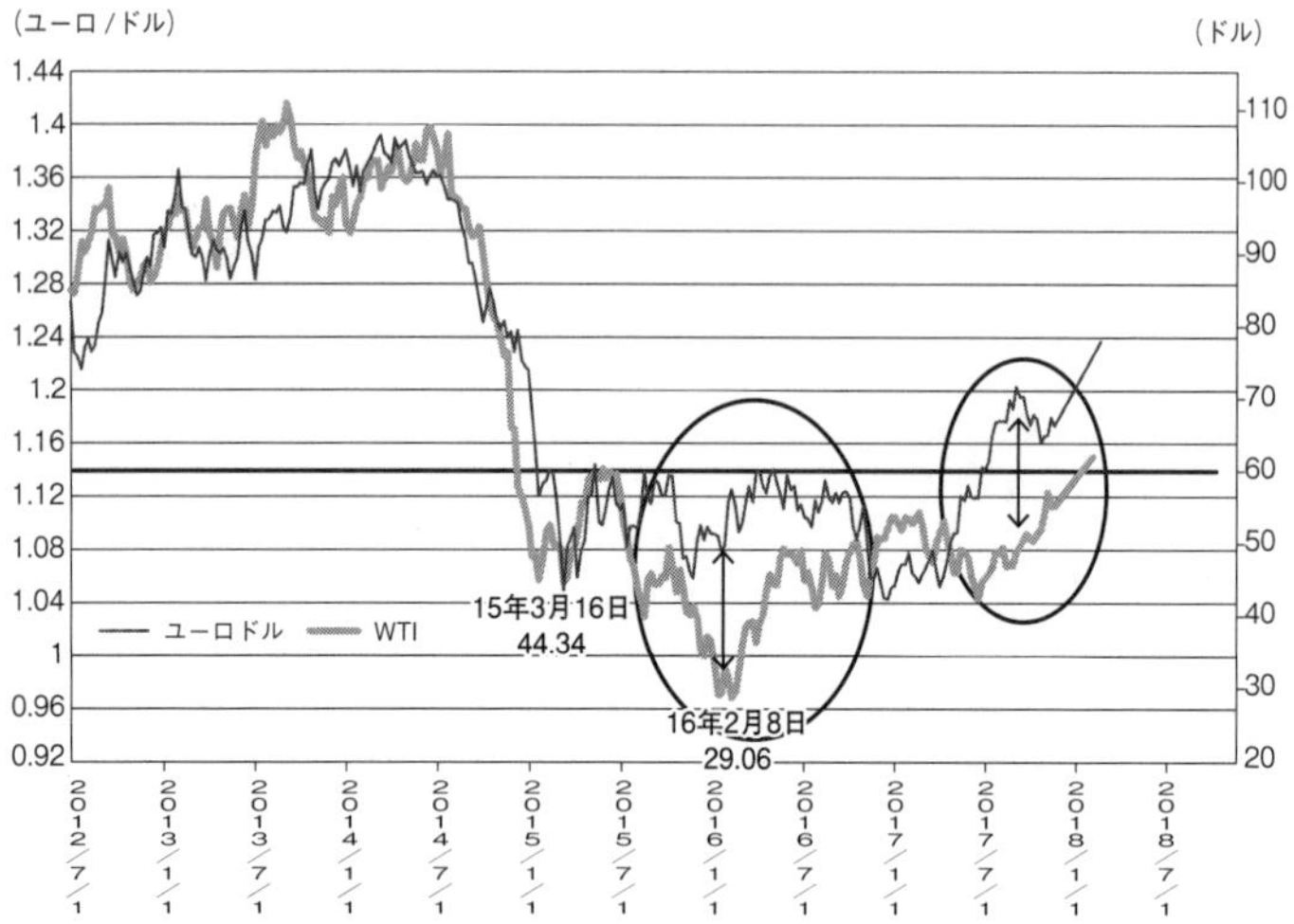


出所：T-Model

次に「ユーロドル（週足）とＷＴＩ原油価格」の図表を見てみよう。

先刻の「ユーロ圏景況感指数と消費者物価指数」が乖離した場面で、ここもかなり乖離が起き、ＷＴＩは落ちていった。ただ、２０１７年１月にはキャッチアップして抜いたが、再び２０１７年年央にユーロドルに抜かれてしまっている。

テレビの経済番組では、ＯＰＥＣが減産で揉めているとか、シェールガスが減産に同意したとか論じているが、なかなか世界の石油市場の実相は把握できるものではないし、ましてや原油価格相場が正常なものかどうかを検証する術はない。

ここはシンプルにユーロドルと比べれば、

原油はまだ上昇する余地があると判断すべきであろう。どのくらいまで上がるか。ざっくり言えば、ＷＴＩがユーロドルにキャッチアップするためには70ドル超えが必須だから、今後、ユーロドルの大幅下落がなければ70ドル程度まで上昇する可能性が高い。

そうなると、ユーロ圏の消費者物価が上がってくる可能性が強まる。消費者物価が上がるということは、先にもふれたとおり、ＥＣＢは金利のコントロールに非常に細やかな神経を使わなければならなくなる。

アナリスト、エコノミストたちはあまり注意を払っていないようだが、私は原油価格の動向が今年の世界経済を左右する大きな要素だと考えている。

## ユーロ圏にとりリスキーなＥＣＢの量的緩和縮小、ゼロ金利解除の同時実施

上記の予測を補強するのが「ユーロ圏消費者物価指数とＥＣＢ政策金利」の図表だ。２０１５年からずっと０％を維持している政策金利と寄り添うようにしてきた消費者物価が２０１７年に入ってから急に上昇し始め、乖離の様相を呈している。

繰り返しになるが、今後は消費者物価がさらに上がる可能性が出てくる。その大きな要因となるのが原油価格の上昇で、そうした場面が訪れるならば、両者の乖離は一段と拡大するはず

である。そうなると、ＥＣＢは動かざるをえなくなる。

もう少し深い考察を加えてみよう。

「ユーロ圏消費者物価指数とＥＣＢ政策金利の差」の図表にあるように、２０１８年1月現在で2％弱の乖離があるので、ＥＣＢとしてはこの差を縮めたい。

けれども、消費者物価がさらに上がれば2％以上の乖離を招くことになり、そうなると政策金利は0％ではいられなくなる。こうした乖離状況となった過去を振り返ってみると、2％が限界であることがわかる。つまり、18年1月時点で、すでにぎりぎりのところにきている。

ところが、消費者物価の安定を重視して政策金利を上げると、今度はユーロ圏のハイイールド債バブルが破裂するきっかけになりかねない。いまＥＣＢはこのジレンマに苦悩している最中であろう。ＥＣＢとしては原油価格さえ上がらなければ、加えて消費者物価と政策金利差が2％以上に拡大しなければ、ゼロ金利はまだ続けられると認識していると思われる。

要は、このまま消費者物価が上がり続けると、２０１８年年初から始めた量的緩和の縮小のみならず、秋頃には利上げを実施しなければならない可能性が出てくるわけで、ＥＣＢとしてはなんとしてでもそうした事態を回避したい。

ＥＣＢの利上げは、せっかくユーロ安の恩恵にあずかって上向いてきたユーロ圏の景気を腰折れさせる恐れが強いからである。

## ユーロ圏消費者物価指数とECB政策金利

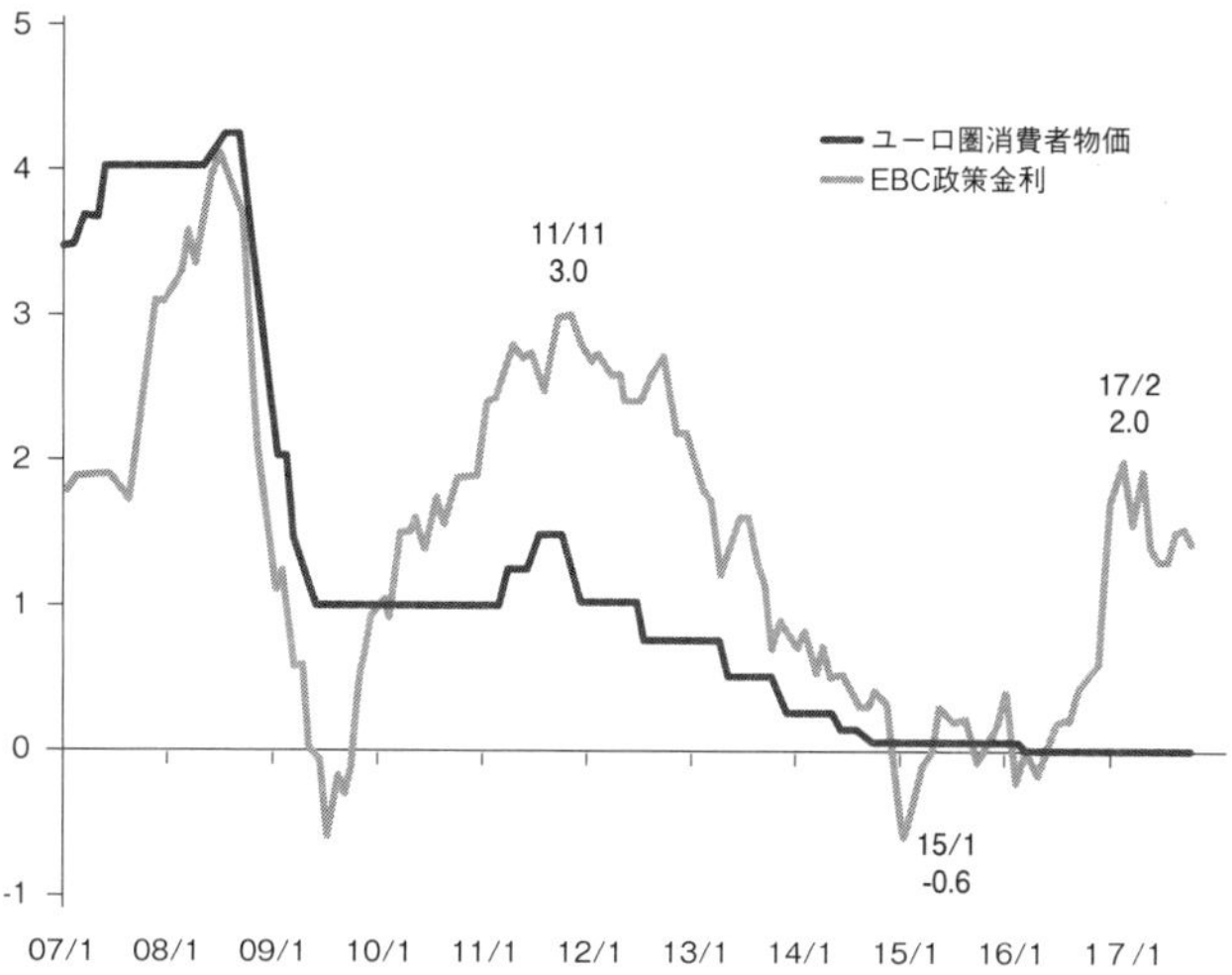


出所：T-Model

## ユーロ圏消費者物価指数とECB政策金利の差

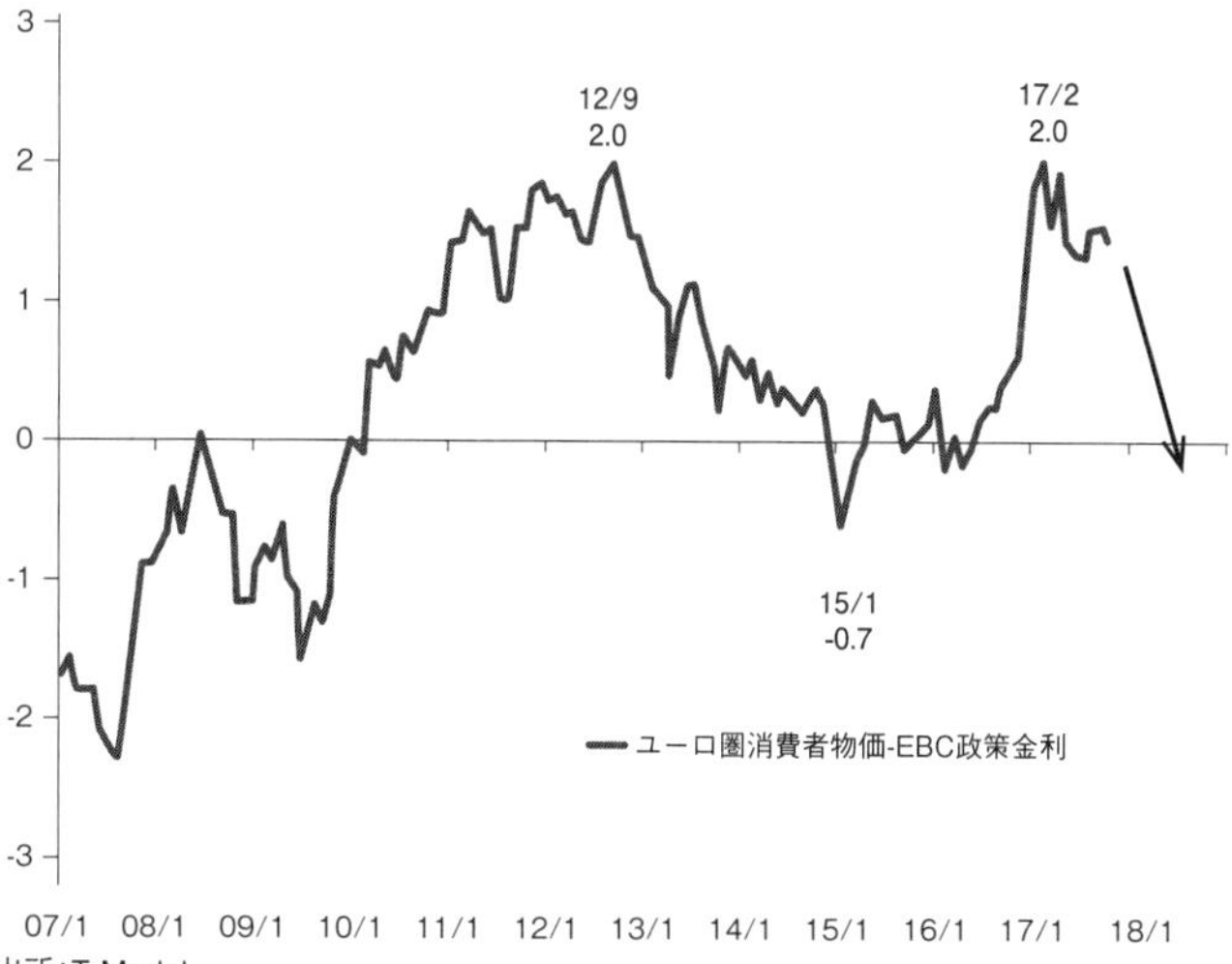


出所：T-Model

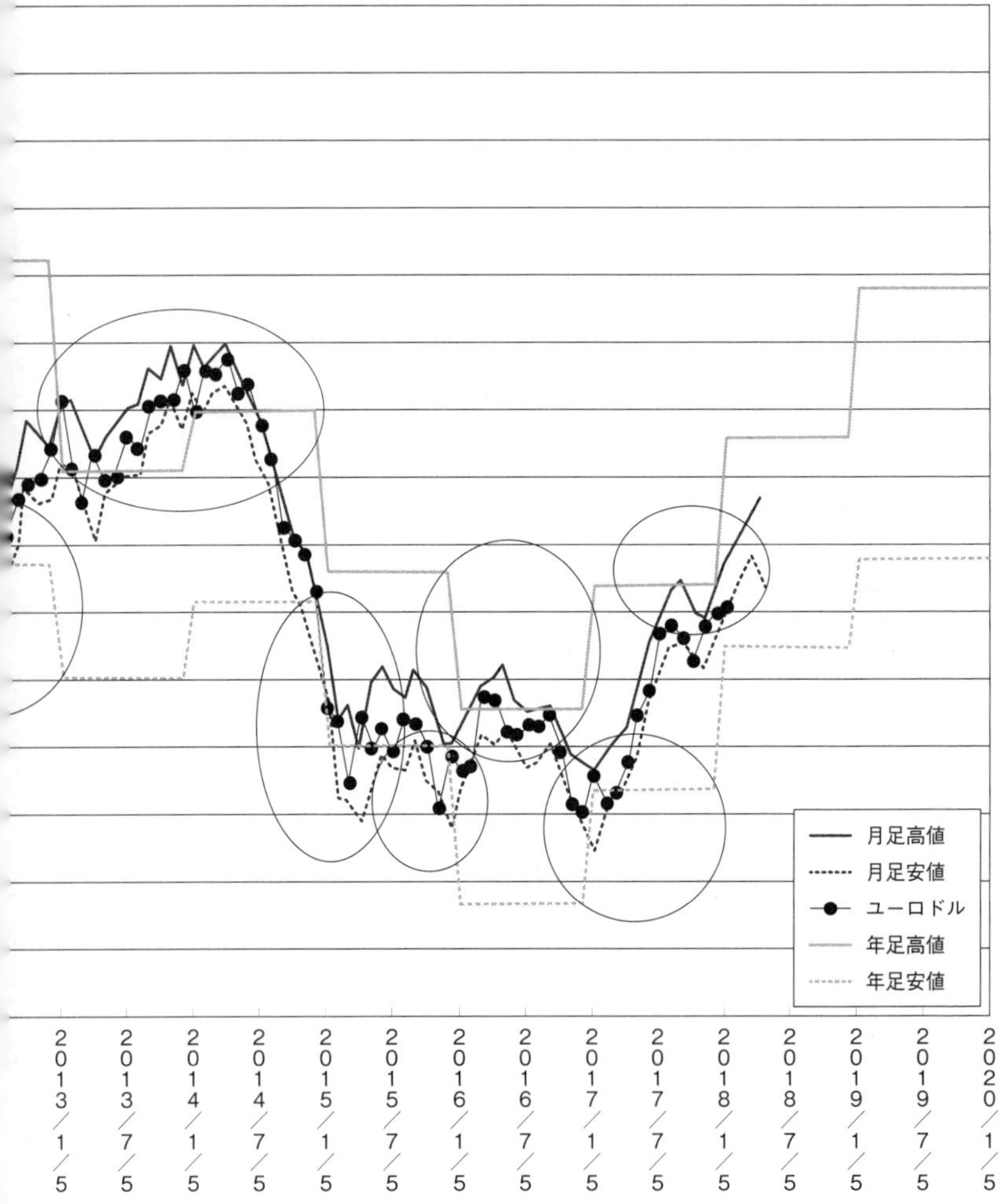
月足高値
月足安値
ユーロドル
年足高値
年足安値
2013/1/5
2013/7/5
2014/1/5
2014/7/5
2015/1/5
2015/7/5
2016/1/5
2016/7/5
2017/1/5
2017/7/5
2018/1/5
2018/7/5
2019/1/5
2019/7/5
2020/1/5

## ユーロドル(月足)とT2

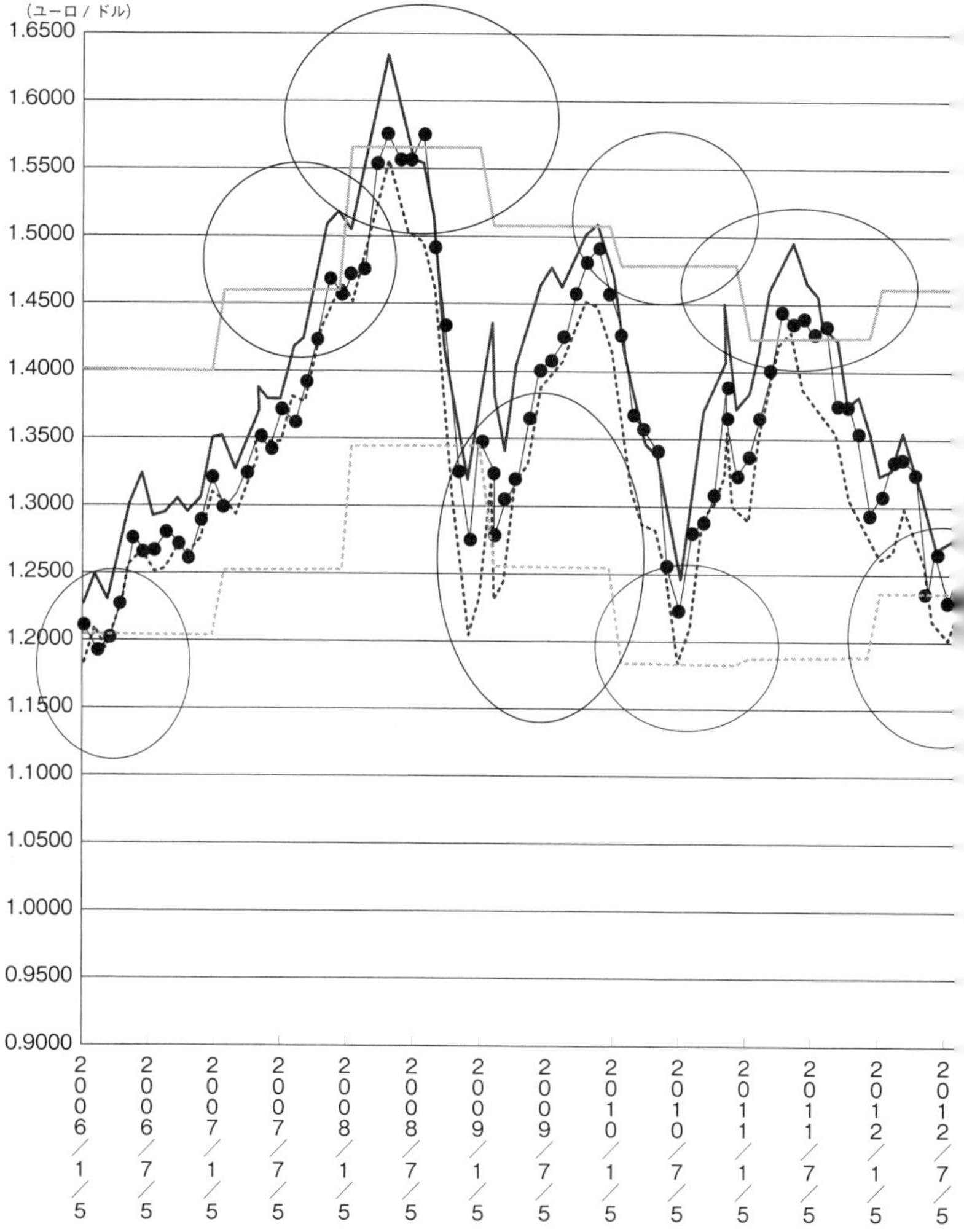
(ユーロ / ドル)
1.6500
1.6000
1.5500
1.5000
1.4500
1.4000
1.3500
1.3000
1.2500
1.2000
1.1500
1.1000
1.0500
1.0000
0.9500
0.9000
2006/1/5
2006/7/5
2007/1/5
2007/7/5
2008/1/5
2008/7/5
2009/1/5
2009/7/5
2010/1/5
2010/7/5
2011/1/5
2011/7/5
2012/1/5
2012/7/5

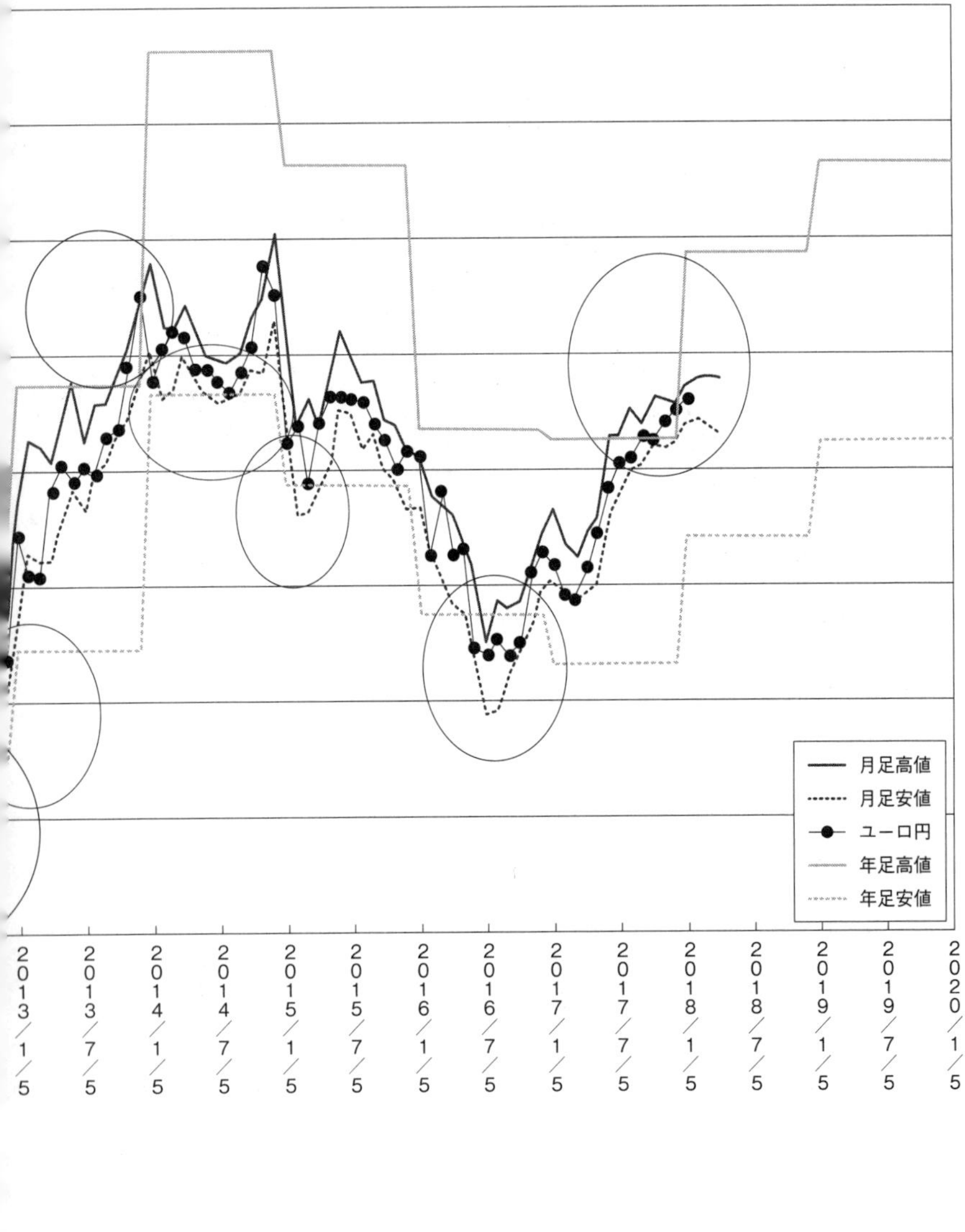

月足高値
月足安値
ユーロ円
年足高値
年足安値
2013/1/5
2013/7/5
2014/1/5
2014/7/5
2015/1/5
2015/7/5
2016/1/5
2016/7/5
2017/1/5
2017/7/5
2018/1/5
2018/7/5
2019/1/5
2019/7/5
2020/1/5

## ユーロ円(月足)とT2

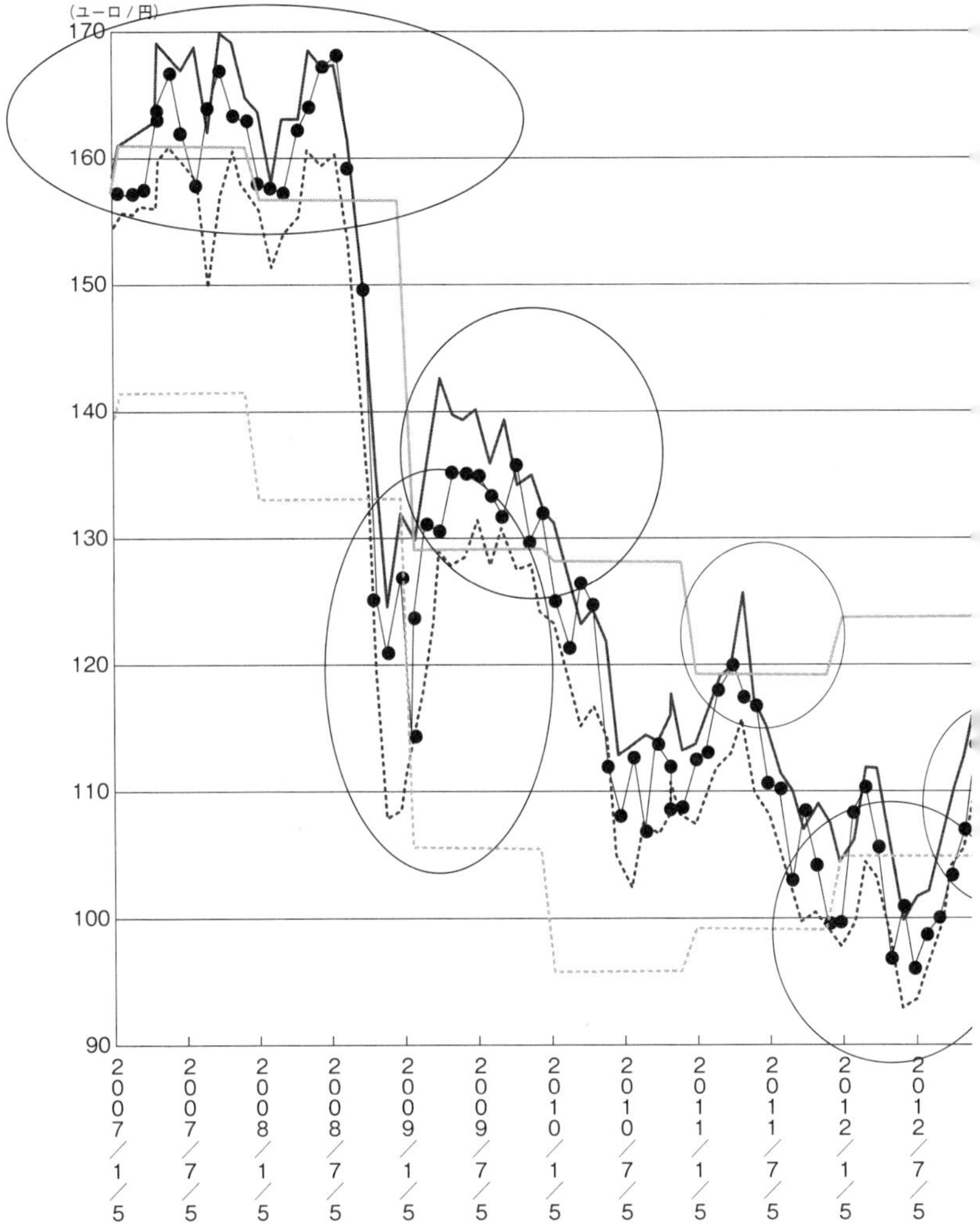
(ユーロ/円)
170
160
150
140
130
120
110
100
90
2007/1/5
2007/7/5
2008/1/5
2008/7/5
2009/1/5
2009/7/5
2010/1/5
2010/7/5
2011/1/5
2011/7/5
2012/1/5
2012/7/5

先行するＦＲＢは２０１５年には量的緩和を止め、政策金利についても２０１６年から徐々に上げ始めるという正常化プロセスを踏んできている。対するＥＣＢは、ようやく量的緩和の縮小というステージの緒に就いたばかり。政策金利を上げるのは、ユーロ圏経済には荷が重い話であろう。

## ＭｉＦＩＤ２（ミフィッド・ツー）と「アナリストバブル」の崩壊

２０１７年9月21日、ブルームバーグニュースで『みずほフィナンシャルグループは日本株のトレーディング業務で、アルゴリズム取引に人工知能（ＡＩ）を導入、サービスを開始することがわかった。来年1月から欧州で施行される第2次金融商品市場指令（ＭｉＦＩＤ２）を前に、世界の金融機関はビジネスの差別化を狙う』との報道があった。

これはわれわれ生活防衛のための投資家にもかなり重要なニュースなので、理解を深めてほしい。あとで詳細を解説するつもりだが、まずは記事を紹介しよう。

『みずほ証券は今月から資産運用会社、銀行、生保、ヘッジファンドなど日本を含むアジアの一部の機関投資家に、個別企業の株価が30分、1時間後にどう動くかを予測するＡＩ機能を組み込んだ取引システムを提供する。年内には数百の法人顧客に対しサービスを展開する計画だ。欧州連合（ＥＵ）の金融・資本市場の規制であるＭｉＦＩＤ２では、透明性の向上を目指してリサーチ費用を分離し、トレーディングに支払うコミッションと区別することが求められていて、調査と売買執行における質の向上と付加価値による他社との差別化が課題となっている。

みずほ証券では今回のサービス開始に先立ち、５月から８月の４カ月間で、毎月約５００件（３００億円相当）の取引を実施、有効性を検証。その結果、運用成績はＡＩを使わない場合よりも０・01－０・０１７％改善したという』

聞き慣れない第2次金融商品市場指令（ＭｉＦＩＤ２）とは何なのか？

２０１８年1月に導入された欧州連合（ＥＵ）の金融・資本市場の包括的な規制。約定執行手数料とリサーチ手数料の分別管理を義務付けようというもので、運用会社は証券会社に株式リサーチ料金を別立てで払わなければいけなくなる。頭文字をとって通称ＭｉＦＩＤ２（ミフィッド・ツー）と呼ばれている。

直接の影響としては、バイサイド（投資する側）がコスト増を避けるため、リサーチ関連支出の減少が予想される。グリニッチ・アソシエイツの調査結果によれば、米国と欧州のファンド運営会社はリサーチ予算を３億ドル（約３２８億円）余り削る可能性が高い。

リサーチ需要の減少はアナリストに対する需要も減ることを意味し、より選別色が強まるだろう。セルサイドの銀行上位10行はリサーチに年間約40億ドル（約4500億円）を費やしているが、ＭｉＦＩＤ２の適用後は支出が30％圧縮されるとマッキンゼーは予測している。

その一方で、シュローダーなどの資産運用会社は内部のリサーチチーム強化に動いている。アナリスト削減が見込まれる現状では、各業界分野でのランキングがトップ３か４位までに入らないチームが丸ごとトレーディングフロアから一掃されることもあり得る。

そして、そのようなチームが独立し、専門化した家内工業的な会社の設立に加わるのではないかと見られている。それはランキングが低いリサーチャーだけの話ではなく、トップアナリストがリサーチ専門会社をスタートさせるケースも出てきている。実際にはインハウス・リサーチや独立リサーチ会社への配分が高まる可能性があるためである。

## ドンブリ勘定に「ＮＯ！」を突き付けられたアナリスト業界

ちょっとややこしく書いたきらいがあるので、もう少しかみ砕いて記そう。

われわれアナリストの世界は、たとえば私の情報によって投資家が売買しているとすると、従来は、その売買手数料のなかに私から入手した情報に対するコストも含まれていた。

ただし、その中身についてはかなり曖昧であった。どの程度が私に対するコストで、どの程度が執行手数料のコストかを割り出すのはなかなか難しいので「ドンブリ勘定」にしてきたわけである。それを２０１８年から欧州ではリサーチ分と執行分で別々に請求することになったのだ。

このＭｉＦＩＤ２導入に米国勢が反対しているようだが、過去の例からして、こういった規制がスタートしてしまえば、いずれ米国も日本もなし崩し的に付き合うことになるのであろう。

その影響について先述したが、端的に言うと、各分野でのアナリストたちは厳格な淘汰の波に晒されることになる。各分野でランキング上位に入らないチームはお払い箱になる可能性が高まってきたわけである。

もともとランキングの低いところはニーズが小さいから、一掃されるべき存在なのだがその時期が早まったと考えればわかりやすい。そうなるとランキングの低いチームにいた人たちは独立せざるをえなくなる。逆に、トップアナリストがより高いリサーチ手数料を得るためにリサーチ専門会社を立ち上げるケースも出てくるなど、アナリストの群雄割拠時代が始まろうとしている。

これまではどんぶり勘定が通用するぬるま湯でも許されてきた業界、企業は日本にはゴマンとあるが、もうプロフェッショナル以外には到底生き残れなくなるのだろう。

私がこのアナリストに関わる問題をなぜ取り上げたかというと、これはアナリストという特定の職種の問題にとどまらず、日本全体でいま起きている「サラリーマンバブル」の崩壊をも〝暗示〟しているからである。たまたまアナリストの世界が先行しているにすぎない。

ＭｉＦＩＤ2は、コミッションの一部に含まれてこれまで曖昧に支払われてきたリサーチコストを明確化するものであり、その費用に見合うリサーチ内容なのか、そうでないかが浮き彫りにされる。

今後はどのような分野であれ、ＡＩ化・ロボット化の進捗によって、サラリーマン本人の仕事内容が賃金に見合っているのか、そうでないのかが判断されるのである。

いったい自分はこのプロジェクトで何を担ったのかよくわからないのに給料が入っている、みたいな世界が終わるのだ。これからは「はい、これはあなたができた分、できなかった分は払えない」と雇用側が迫ってくる。

当然、それによって賃金が上昇する仕事もあるだろうが、大半は下がる可能性が高いのではないだろうか。曖昧なことで延命してきたあらゆるバブルが次々と崩壊しようとしているのである。

だんだんできない人たちが組織から追い出される。できる人はより高い報酬を得ようとして独立する。これはどの分野でも早晩起きる未来像と捉えたほうがいい。

こうした新陳代謝が常態化してくると、日本のサラリーマン比率はけっこう早く、適正比率まで下がるのかもしれない。

## アナリスト受難の時代にはETF投資で対抗すべき

先に示したようなアナリスト受難の時代が早々に訪れるのは確実だ。するとどうなるのか。アナリストがふるいにかけられるわけだから、アナリストの数が減少し、しかもこれまで世間よりも高額だった彼らの給料は相当下がるはずである。

先刻も記したとおり、これはどの分野でも早晩起きる未来像だ。アナリストの数が減るなか、独立できないアナリストは安月給に甘んじながら、コキ使われる。

そうすると一般の人たちに個別銘柄を一件ずつ調査して報告されるような情報は極端に乏しくなり、質の劣化も激しくなると思われる。というか、コスト的に不可能になるのではないか。

仮に皆さんが優れた個別銘柄情報が欲しいと思っても、それを得るには、利益に見合わないほどのコストを払わなければならなくなる。

これからは高額な費用をかけてアナリストの情報を踏まえながら投資・運用できるのは、機関投資家や一部の大金持ちに限られる、そんな時代がやってきてしまった。

けれども、われわれは落ち込むことはない。

ウォーレン・バフェットも私も薦めているように、こんなときこそＥＴＦに託せばいい。

本書で幾度も強調してきたが、今後、長期的には株価は大きく下落していく傾向を示している。下がるときでも儲けられる投資に、われわれは着目すべきなのだ。

幸いＥＴＦにはそうしたニーズに応えるものがあるので、それらを運用すればいいと私は思っている。

参考までに各分野の主なお勧めＥＴＦを示しておこう。

| | 相場上昇局面 | 相場下落局面 |
|---|---|---|
| 日本株式 | 日経レバレッジ（コード番号１５７０） | 日経ダブルインバース（コード番号１３５７） |
| ＮＹ株式 | ＮＹダブルブル（コード番号２０４０） | ＮＹダブルベア（コード番号２０４１） |
| 不動産 | ＲＥＩＴ-ＥＴＦ（コード番号１３４３） | |
| 金 | 金連動投信（コード番号１３２８） | |
| 原油 | 原油ブル（コード番号２０３８） | 原油ベア（コード番号２０３９） |
| 銀 | 純銀上場信託（コード番号１５４２） | |
| 中国 | 上海株式指数投信（コード番号１３０９） | |
| 新興国 | ＮＥＸＴＦロシア（コード番号１３２４） | |

# 第5章

# 平均成長率1.4%でしかないアベノミクスの正体

## 実感なき長期景気回復と言われるアベノミクス最大の欠陥

正式な景気の山谷は内閣府の景気動向指数研究会で決定されるため、あくまで暫定だが、2012年に始まった今回の景気回復局面は2017年9月で58ヵ月に達した。これは1965年11月から1970年7月までの「いざなぎ景気」を抜いて、戦後第2位の長期回復となった。

仮にこの回復局面が2019年1月まで続けば、2002年から2008年までの73ヵ月を抜き戦後最長となる見込みであるものの、長期景気拡大の実感は非常に乏しいと言わざるをえない。

その最大の理由とは何か？　成長ペースがことのほか〝鈍い〟ことにほかならない。今回のアベノミクスと称される回復局面における平均成長率はなんと1・4％でしかない。

1つの理由としては、日本経済のさまざまなしがらみから、生産性が上がらないことが挙げられよう。

そして最大の理由はアベノミクスの最中、日本政府は5％から8％への消費税率の引き上げという禁忌《タブー》を犯してしまった。これが致命的であった。

２０１４年4月の消費税率引き上げを契機に、景気は２０１４年4月から２０１６年2月までの2年近く、「後退局面」と呼んでもおかしくない停滞期間を経験し、これが平均成長率を押し下げてしまった。

消費税率引き上げを契機に消費が落ち込み、円安による必需品をはじめとする国内流通商品の「値上げ」が相次いだことが追い討ちをかけた。

景気回復の実感とは、消費によるところが大きいのは言わずもがなであろう。つまり、今回の景気回復局面とは、国民主導のものではなく、あくまでも企業主導のものであったのだ。

いずれにしても、２０１４年4月の消費増税が「実感なき長期景気回復」の最大の原因となっている。

ところが、２０１９年の10月には8％から10％への消費税率の引き上げが待ち受けている。アベノミクスの産みの親とも言われる、安倍政権のアドバイザーを務めるエール大学の浜田宏一名誉教授は「引き上げの再度中止」を訴えているし、私も当然ながらそう思っている。

けれどもこれに限っていえば、第1章で記したように、昨秋の衆院選前にどうしても株価を上げて選挙に勝ちたかった安倍政権は、日本郵政株の追加売り出しの決定権を持つ財務省と〝手打ち〟をしなければならなかった。

そこで財務省とのバーター取引、つまり、日本郵政株の追加売り出しをする代わりに、

２０１９年10月の10％の消費増税を実施するという取引に応じた。

したがって、よほどの大不況が到来しないかぎり、次回の消費増税が回避されることはない。

## 29年ぶりの高水準まで上昇してきたエンゲル係数

| | 拡大期間 | 時期 | ＧＤＰ平均成長率 |
|---|---|---|---|
| 小泉景気 | 73ヵ月 | ２００２年～２００８年 | 約１・５％ |
| アベノミクス | 61ヵ月（18年1月現在） | ２０１２年12月～ | 約１・４％ |
| いざなぎ景気 | 57ヵ月 | １９６５年～70年 | 約10％ |
| バブル景気 | 51ヵ月 | １９８６年～91年 | 約７％ |

たしかにアベノミクスは拡大期間についてはいざなぎ景気を抜いて戦後第2位に躍り出たのであるが、内容でいざなぎ景気あたりと比べると、正直言って足元にも及ばない。なにしろいざなぎ景気の57ヵ月のＧＤＰ平均成長率は10％にもおよぶのだから、比較にならない。

１９８０年代後半からのバブル景気にしてもＧＤＰは7％平均で成長しており、あの当時の消費の凄まじさは私の記憶にも鮮明に残っている。夜中の12時を回っても都心ではタクシーを拾うのに難儀するほどで、実感ある景気回復であった。

それに対して、アベノミクスが景気拡大期間でいざなぎ景気を超えたと言われても、なんだかピンとこないというか、昨今の消費の伸びの鈍さを見るにつけ、本当かなと首を傾げたくなるのがふつうの人たちの心持ちではないのか。

それは「エンゲル係数」の数値にも垣間見られるようだ。皆さんは小中学校の教科書で習ったと思うけれど、エンゲル係数とは、支出のなかにおける食費の割合のことである。

戦後間もない頃はやはり高くて36％程度、支出の４割弱くらいが食費だった。それがずっと改善して、１９９６年には22％まで低下している。

２０１７年１月31日、総務省から発表された２０１６年（平均）調査によると、わが国のエンゲル係数は25・８％まで上がってきている。これは１９８７年以来、29年ぶりの高レベルである。

要因の１つには、食品価格の値上がりがある。もう１つの要因は、実質賃金の下落にある。次に見る「サラリーマン比率」の図表には、１９９８年から実質賃金が下がり始め、それと連動するように全体の支出が落ちてきていることが示されている。

だから２０１６年のエンゲル係数の急上昇の要因は、一般の日本人が貧乏になっていると結論付けざるをえない。これが２０１７年も上がってくるようだと、政治的に非常に危険な状況を招くと懸念していたが、月ベースでみると、2016年11月の28・0％をピークに17年11月は27・8％にわずかながら低下した。ただ、高水準であることに変わりない。

これまではデフレのせいもあって、実質賃金が伸びなくとも、エンゲル係数の上昇は阻まれてきた。そのためなんとか国民の不満は抑えられてきた。だが、エンゲル係数が上がってきたということは、その段階を突破することを予感させる。

もう少しエンゲル係数が高まってくると、多くの人が食べたいものが食べられなくなる恐れが出てくる。飲食は人間が生きていくうえでもっとも根源的な消費活動であり、極端な節約は困難なので、そうした状態になると国民の不満はどんどん膨らんでくると思われる。

しかし、エンゲル係数上昇には以下の要素も含まれている。

2013年あたりから、景気拡大の波に乗ることのできた層によるプチ贅沢な外食需要の拡大、健康志向を受けての高額食品需要の拡大が目立ってきた。これらがエンゲル係数上昇に一役買っている可能性もある。

エンゲル係数についてさまざまな考察を加えてきたつもりだが、私としてはこの「各国別のエンゲル係数（2013年）」に着目している。

各国の失業率が示されていないが、ここには実は基本的には失業率が高いほどエンゲル係数

## サラリーマン比率と平均賃金

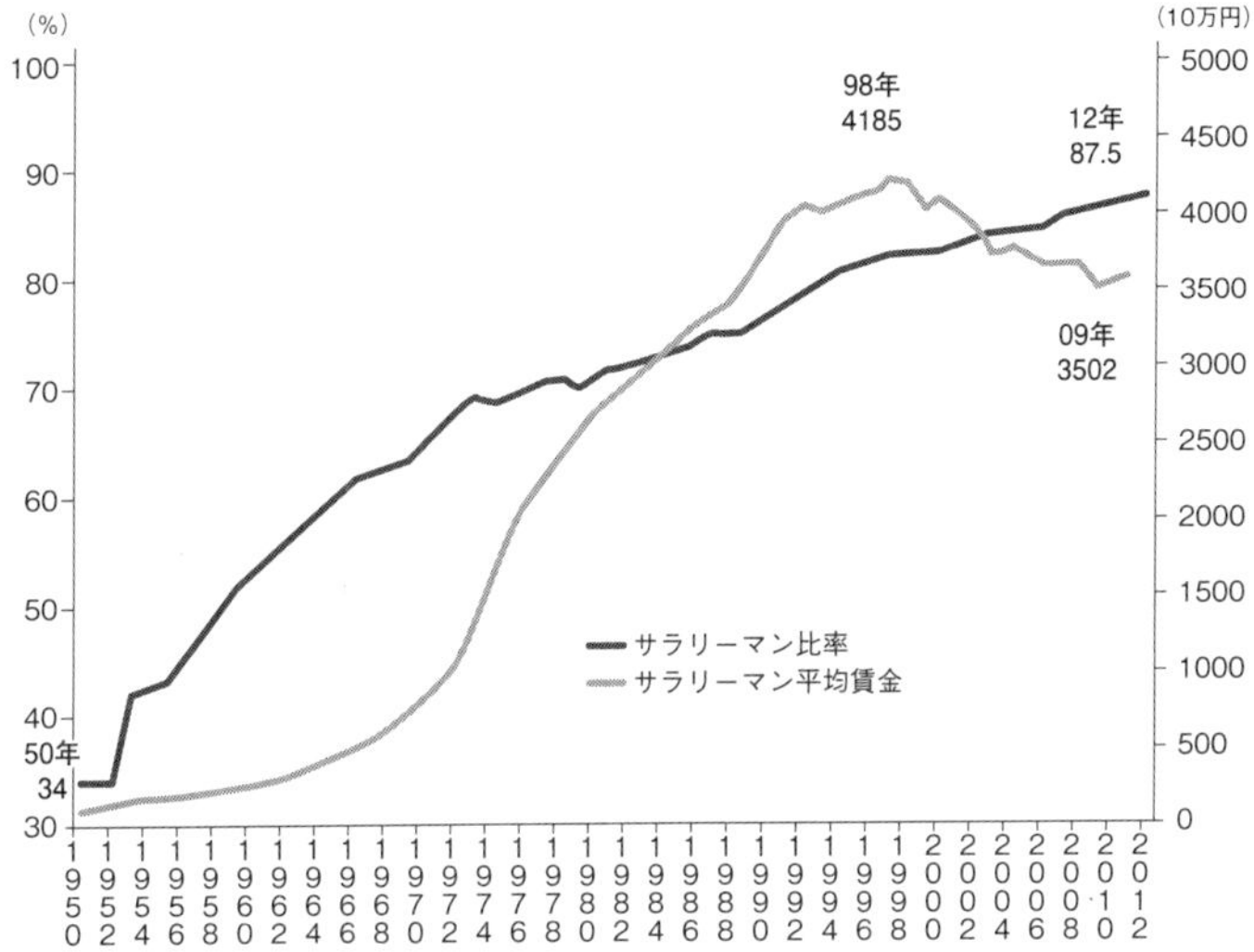


出所：T-Model

## 各国別のエンゲル係数（2013年）

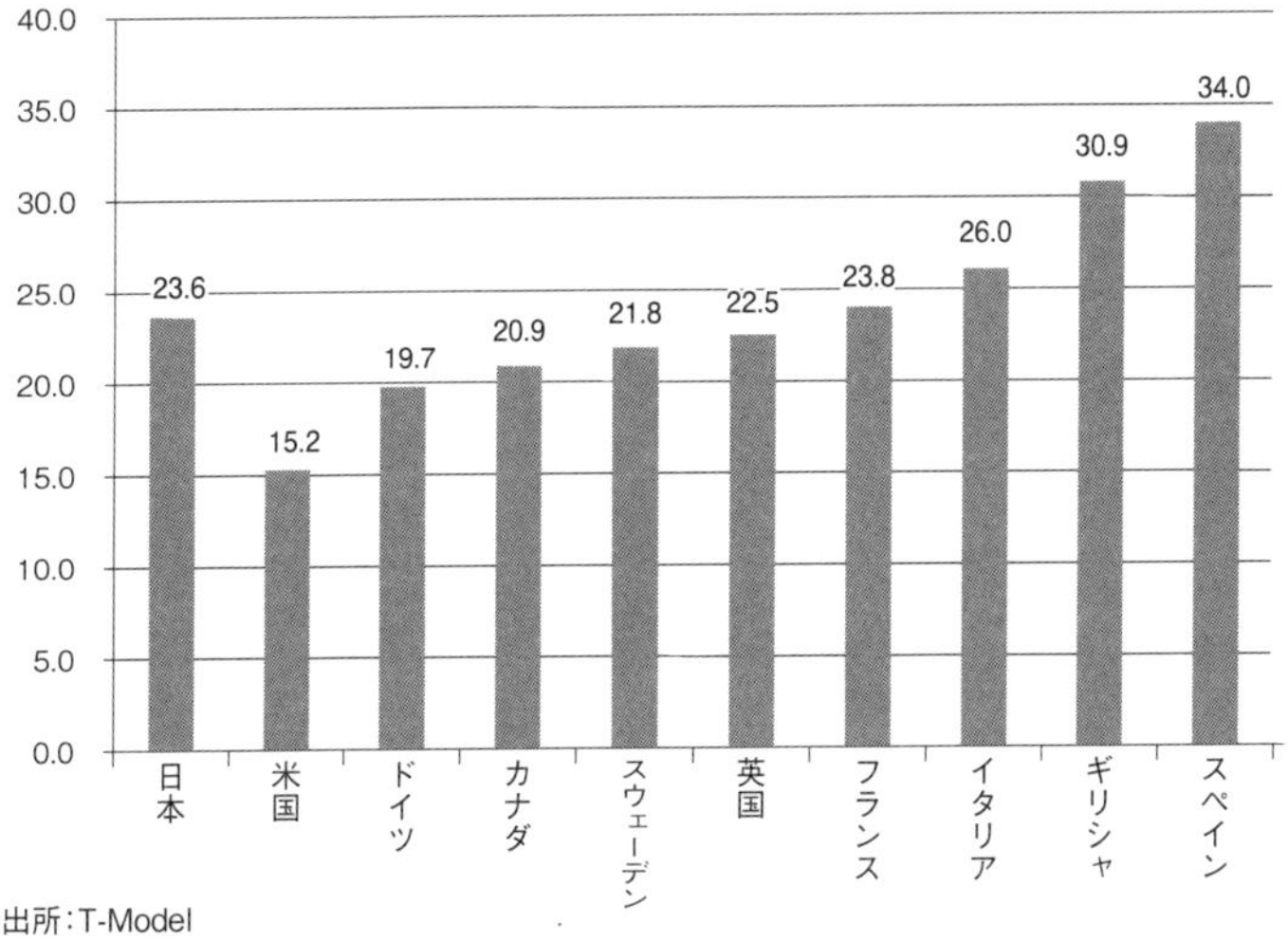


出所：T-Model

が高いというパラレルな関係が成立している。

ところが、日本の失業率は低い。にもかかわらず、エンゲル係数がこれほどまでに高いということは、何か都合の悪い事実が隠されているのだと思う。

おそらくは実質の失業率が高い。我慢強い日本人の多くはミスマッチの仕事でも我慢して働いている。一方、企業側も「社内失業者」を多く抱え込んでいる。外国の人たちはそこまで我慢しないから、失業率は高いままである。

われわれは、本来はエンゲル係数の高い国とは、実質失業者が多い国であるというふうに認識を切り替えるべきであろう。

## 2018年は2つの大きな節目の年

言うまでもなく、2018年は日本にとり大きな節目の年になる。

大きくは、30年で幕を閉じる平成時代最後の年。そして、1868年の明治維新から150周年を迎える年である。こうした重要な節目が重なる年は、日本の歴史に鑑みてもなかなか見当たらない。

天皇陛下の譲位に関する特別措置法（特措法）の成立で、政府は2019年4月末に皇太子様の天皇即位にともなう儀式を執り行い、翌5月1日から新元号となる。

こういう経緯になるのかもしれないと、私には予感のようなものが芽生えていた。それは天皇陛下が２０１６年8月に出されたビデオメッセージで、「戦後70年という大きな節目を過ぎ、2年後には平成30年を迎えます」と語られていたからである。それを聞いた私は、陛下は30年をひと区切りと念頭に置かれているのではないかと感じた。

実は30年というのは日本にとってきわめて重要な数字で、明治維新以降、わが国は30年周期で繁栄と崩壊を繰り返してきているからである。

1870年〜1900年↓265年におよぶ江戸時代の常識が破壊された。明治維新・文明開化を経て、富国強兵が国是となった。

1900年〜1930年↓新たな常識がつくられる繁栄の時代を迎えた。日本は日露戦争、第一次世界大戦を経験し、軍国主義となった。

1930年〜1960年↓それまでの常識が破壊された。世界大恐慌の試練を経て、最終的に日本は第2次世界大戦に敗北し、軍国主義が破壊された。

1960年〜1990年↓新たな常識がつくられ、繁栄の時代が訪れた。日本は戦後の高度成長期を謳歌した。

## 1990年〜2020年→バブル崩壊が繰り返され、銀行破たんなどマネー資本主義が破壊された。日本も混沌とした時代に巻き込まれた。

大づかみに示せば以上のようなことが起きてきたのだけれど、日本では「元号」が替わるときになぜか数年後に経済的な異変が起き、悪くすると戦争にまでつながっている。

近年から遡って検証してみると、昭和から平成へ移行した1989年の翌90年にバブル崩壊が起きて、日本経済は長期にわたるデフレを経験することになった。

次は大正から昭和に移行したのは1926年だったが、これから3年後には世界大恐慌が待ち受けていたし、明治から大正に移行した1912年の2年後には第1次世界大戦が始まっている。

元号が替わった直後ではなく、その数年後にとんでもない経済事件、異変が起こりやすい、そういうタイミングになりやすいということは是非、頭の片隅にとどめておいてほしい。

そんな時期に152年ぶりの天体ショーが起きた。1月31日に太陽―地球―月が一直線に並ぶ「皆既月食」、それも通常よりも大きく、さらに「赤き青い月」になる「スーパーブルーブラッドムーン」。前回の「スーパーブルーブラッドムーン」の「皆既月食」から2年後に「明治維新」が起きている重要な事実は、今回もそれに匹敵するような世の中の激変を暗示しているのかもしれない。「皆既」が「怪奇」に変わる自然災害だけは起こらないことを祈るだけである。

## 「政府頼み」体質の企業・個人に変革を迫る次の30年

こうした時代のページがめくれる節目の時期は、過去30年間の価値観にしがみつき、新しい時代を受け入れられない人たちにとっては淘汰される30年間の始まりでもある。このような「創造的破壊」から「新しい価値観」への移行期は人々の不安は増大し、社会は混沌とする。そして、その混沌のなかからこれまで世の中を支配してきたエリート層ではない新しいリーダーが生まれてくる。

主役が交代する「戊戌（つちのえいぬ）」の２０１８年はまさにその分岐点となる年になるのではないか。

明治１５０周年と平成30年の節目となる２０１８年は、「政府頼み」の企業にも変革を迫っているのである。

２０１８年1月15日の日経新聞が「政府頼み」の企業とその対極にある「経営者のリーダーシップ→リスクテイク→イノベーション」の連鎖を働かせて成長を続けている企業との差異を、

時価総額の増減をモノサシにして比較していた。

日経新聞によると、１９９１年から昨年末までに時価総額が３０００億円を超えた東証上場企業は２９２社。そのなかで時価総額をもっとも減らした30社のうち16社が「電力」、「銀行」、「建設」の業種であった。なるほどなと思う。

そして、この26年間で時価総額を増やしたベスト5企業は、ニトリＨＤ、日本電産、ヤマダ電機、ヒューリック、ユニチャームであった。


そして、節目となる２０１８年は、「政府頼み」体質の企業だけでなく、個人レベルにも変革を迫ることになるのではないだろうか。

たとえば、メガ銀行の大リストラ時代の到来を受けて、２０１７年秋以降、転職活動をする銀行員が急増している。ＡＩ、フィンテック技術、電子決済の進展などにより、従来の商業銀行の業務量が大幅に縮小するからで、これは欧米でも同様のことが起きている。

マイナス金利政策の長期化や人口減で伝統的な商業銀行モデルが構造不況化していることもあり、環境がさらに悪化すれば、大量の希望退職などに踏み込まざるを得なくなるだろう。

そうした流れを察知した人たちが危機感を抱いて銀行から逃げ出そうしている。そんな図式が浮かび上がってくる。だが、気の毒だけれど、彼ら銀行員は潰しが利かない人たちも少なくない。

彼らが単に生き残れそうな会社へ「逃げの転職」をしようという考えならば、銀行にしがみついている人たちと大差はない。彼らがこれから訪れる「新しい価値観」に向けて柔軟に自分自身の価値観を変え、そして未来思考で企業を選択できるかどうか。そこが問題なのである。

## 誰が就任しても貧乏くじを引く次期日銀総裁

2018年はアベノミクスを金融政策面でサポートしてきた黒田東彦・日本銀行総裁の任期満了の年でもある。本来、中央銀行は時の政府とは一線を画した独立性を担保しなくてはならないはずだが、安倍政権と黒田日銀に「二人三脚」というイメージを抱くのは私だけであろうか。

黒田総裁の任期満了は4月8日。以下はこの5年間の黒田日銀の主な動きである。

| | |
|---|---|
| 2013年4月 | 異次元金融緩和実施（黒田バズーカ） |
| 2014年4月 | 消費増税実施　5％→8％ |
| 2014年10月 | 黒田ハロウィン緩和実施 |
| 2015年10月 | 消費税　8％→10％を延期 |
| 2015年12月 | 量的・質的緩和補完措置実施 |
| 2016年1月 | マイナス金利付き量的・質的緩和実施 |
| 2016年9月 | 新たな金融緩和政策としてイールドカーブ・コントロールを導入 |

これだけ膨大な金融緩和措置を講じながら、目標の「物価2％上昇」をいまだに達成できていない。思えばこの目標を掲げたのは2013年4月に異次元緩和を始めたときだったから、それから5年が過ぎようとしている。

目標達成時期については先送りが繰り返され、昨年には6回目の先送りを決め、達成は2019年頃とされたが、これではオオカミ少年よりもタチが悪いという声も聞こえてくる。

従来より日銀総裁人事は日銀出身者と財務省（旧大蔵省）のたすき掛け人事がなされてきた。したがって通例に則れば、ポスト黒田には日銀出身者が就任する可能性が高いわけだが、日銀がこれまでにないきわめて難しい局面に直面する今回はどうだろうか。

## 日銀総裁と相場サイクル

| 時期 | 日銀総裁 | 株価 | 変動率 | 出身 |
|---|---|---|---|---|
| 69年12月～74年12月 | 佐々木直 | 2211円→3954円 | 78.80% | 日本銀行 |
| 74年12月～79年12月 | 森永貞一郎 | 3954円→6450円 | 63.10% | 大蔵省 |
| 79年12月～84年12月 | 前川春雄 | 6450円→11428円 | 77.20% | 日本銀行 |
| 84年12月～89年12月 | 澄田智 | 11428円→37268円 | 2.26倍 | 大蔵省 |
| 89年12月～94年12月 | 三重野康 | 37269円→19075円 | -48.80% | 日本銀行 |
| 94年12月～98年3月 | 松下康雄 | 19075円→16831円（96年7月22750円） | -11.80%（-19.7%） | 大蔵省 |
| 98年3月～2003年3月 | 速水優 | 16831円→8362円 | -50.30% | 日本銀行 |
| 2003年3月～2008年3月 | 福井俊彦 | 8363円→13603円 | 62.60% | 日本銀行（富士通総研経由） |
| 2008年4月～2013年3月 | 白川方明 | 13603円→12468円（08年10月6994円） | -8.30%（-48.5%） | 日本銀行 |
| 2013年3月～2018年4月 | 黒田東彦 | 12468円→？（2015年6月20952円） | （+67.8%） | 財務省 |
| 2018年4月～2023年4月 | 黒田東彦？ | ？ | ？ | 財務省？ |

出所：T-Model作成

新総裁を待ち受けているのは、欧米が金利を上げつつある環境下、金利急騰を避けながら、これまで実施した異例の金融緩和を緩やかに出口に導いて行く前例のない難作業なのだから――。次の日銀総裁の責務はことのほか重い。

「日銀総裁と相場サイクル」の図表にあるとおり、これまで日銀出身者が総裁を務めた時期は大きな経済危機と重なることが多い。

バブル崩壊後の1990年以降、記憶に残るのは、内需バブル崩壊時期に就任した「平成の鬼平」こと三重野総裁だ。彼の総裁期間中、日経平均は49％も下落した。

大蔵省出身の松下総裁の次に登板した速水総裁も散々であった。1997年のアジア通貨危機、98年のロシアデフォルト、国内では97年の消費税引き上げで日本列島が総不況に見舞われた。98年には金融監督庁が発足、金融機能早期健全化法の施行により不良債権を抱えた銀行への公的資金注入が可能となり、銀行の大再編が行われた。これらが重層的に株価に影響した結果、速水総裁の任期中に日経平均は50％の暴落となった。

また1人おいて就任した白川総裁の任期中にはリーマン・ショックが起き、最大で49％の暴落を経験している。

このように日銀出身者のときには、巡り合わせなのだろうが、非常に株価が暴落しやすい時代となっている。そういう意味では、現在の黒田総裁が続投するという選択肢もあるだろうし、黒田総裁の考えかたを継承する人物が総裁になったほうが無難という声もあるが、果たしてそれはどうだろうか。

データに依拠すると、財務省出身者から日銀出身者に代わった場合、株価は平均でピークの半値という統計が弾き出されている。つまりジンクスに倣えば、仮に2018年に2万5000円にまで上昇した日経平均は、2023年までには半額の1万2500円程度まで下落する可能性があるということだ。

政府は2月16日に衆参両院の議院運営委員会理事会で、黒田総裁を再任する人事案を提示した。仮に、黒田総裁が続投したとしても、いままでどおりには行かず、今度は悪者になってしまう可能性はかなり高い。なぜなら、これだけ株価が上がった後には誰が総裁になっても暴落は免れそうにないからである。株価を上げ続けるのは至難の業だし、本書で論じてきているように、米国の株価が崩壊するのは時間の問題なのだから、日本株がその影響を受けないはずはない。

次の日銀総裁は、日本の株価を大暴落させた張本人として、歴史的には名前が残るはずである。その上、史上最大の金融緩和策を終えてからの出口戦略も考えないといけないし、現実的にソフトランディングはできそうもない非常に損な役回りである。いったい貧乏くじを引くのは誰なのか、日銀総裁人事に注目してみたい。

## 株式併合銘柄が急増したのも安倍首相への忖度？

昨秋のことである。ある週末にいつものようにT2の膨大なデータ更新をしていると、9月末に多くの銘柄が「株式併合」を行っていることに気づいた。なぜ、こんなに多くの銘柄が「株式併合」を行ったのか？

その答えは、東京証券取引所をはじめとする全国証券取引所が２０１８年10月までに売買単位を１００株に統一することを進めているためだった。

株式の売買単位（単元）とはその株式を取引するときの最低株数で、銘柄ごとに異なり、２０１８年１月現在、１００株と１０００株の２種類のみとなっている。ただ、かつては１株、10株、50株……など８種類もの単位が存在していた。東証上場の企業の92・９％はすでに１００株単位へと変更している（２０１７年７月27日時点）。

売買単位が何種類も存在する市場は国際的にも稀だ。使い勝手が悪く、投資家にとっての利便性を低下させる原因となっていた。売買単位を１００株に集約すれば、必要な最低投資金額が把握しやすくなり、また銘柄同士の株価比較も容易になる。さらに、投資家の立場で言えば、取引を行う際に誤発注のリスクが減る、という効果も期待できる。

東京証券取引所では「売買単位統一」推進と同時に、必要最低投資金額を「５万～50万円」とすることも推奨している。理由は、ＮＩＳＡの枠にも収まりやすく、新しい個人投資家を流入させやすくするためらしい。調べてみると、その時点で３つのパターンの銘柄があった。

## １．売買単位の変更のみ

## ２．売買単位の変更と同じ割合で株式併合

## ３．売買単位の変更とは異なる割合で株式併合

５００円以下の「低位株」を例に考えると、売買単位が１００株になると「必要最低投資金額」が５万円以下となり、企業には株主増加による管理コストが増加する。一方、個人投資家にも株を購入する際のコストが割高となるため、売買単位を１００株にすると同時に、10株を１株に株式併合して株価を10倍にすることで、50万円以下の必要最低投資金額を維持する、「２．売買単位の変更と同じ割合で株式併合を行う」銘柄が目立つ。

一方、すでに１００株単位になっているものの、必要最低投資金額が50万円以上の銘柄については、それを引き下げる「株式分割」を実施する企業が増えることも予想される。

東京証券取引所では「売買単位統一」と必要最低投資金額「５万～50万円」とすることで、投資資金が少ない個人投資家を流入させて流動性を向上、中長期保有の株主が増えることで株価が安定することを期待している。

確かにＮＩＳＡの枠にも収まりやすいことから、株式投資をしたことのない個人投資家が増える可能性もあるが、このようなことで株価にプラスに働くと考えるのは短絡過ぎるのではな

いだろうか。

「売買単位統一」の措置もＮＩＳＡに合わせた安倍政権への忖度にも思えてくる。こんなところにも株価対策の影響があったと改めて知り、驚くばかりであった。

## 林真理子氏は渡辺淳一氏の「日経平均の守護神」の座を引き継ぐことができるか？

本章の締めは、少し柔らかめな話をしよう。

日経新聞朝刊連載小説は伊集院静氏の『琥珀の夢――小説、鳥井信治郎と末裔』が２０１７年９月５日で終わり、翌６日から林真理子氏の『愉楽にて』が始まった。

同作品の舞台は東京、京都、シンガポールで、主人公は50代の大手製薬会社の副会長という地位にある既婚男性。美術品の収集などを趣味とする一方で、多くの女性と恋愛を楽しむ人生を送っている。日経新聞の恋愛小説といえば、２０１４年に亡くなった渡辺淳一氏が有名だが、今回の林氏の連載を読みながら、過去に毎朝、渡辺氏の小説を楽しみに出勤した経験を思い出された方も少なくないかもしれない。

まじめな日経新聞に毎朝掲載されていた渡辺氏の小説は当時、私が勤務していた会社でも話題になったことを記憶している。上司の面々は毎朝真剣に読んでいたが、私はもともと小説があまり好きなジャンルではなかったので、ほとんど読んだ記憶がない。

ただ、別の理由から渡辺氏の日経連載小説には注目していた。それは「渡辺淳一が『日本経済新聞』に連載を始めると日経平均が上がる」という都市伝説？があったためで、今回、取り上げた理由もそこにある。

１９８４年〜85年の『化身』、１９９５年〜96年の『失楽園』、２００４年〜06年の『愛の流刑地』の３作が日経新聞に連載されたが、日経平均の上昇率を検証すると、『化身』が＋31％、『失楽園』が＋31％、『愛の流刑地』が＋53％であった。

要は連載小説が始まったら株を買い、終わると株を売却するだけで、だれでも簡単に３割以上のパフォーマンスが得られたことになる。恐ろしいことに、連載が終了すると日経平均も仲良く下落していった。

『失楽園』連載終了後の１９９８年10月９日に１万２７８７円まで下落、また『愛の流刑地』の連載が終わる２週間前にライブドアショックが起き、６月まで日経平均は大きく下落した。

渡辺氏の日経連載小説と日経平均が何故連動するのかは諸説あるが、実際のところ本当の理由は定かではない。

ただ、よく見ると渡辺淳一氏の連載は10年ごとであり、「干支」でいうと西暦末尾が４の「甲《きのえ》」、

5のつく「乙《きのと》」、6のつく「丙《ひのえ》」。いずれも景気や株価が盛り上がる時期に連載されていることが影響しているかもしれない。

「渡辺淳一氏の小説の連載が始まると日経平均は上昇する」という都市伝説のような話は耳にした方も多いかもしれないが、この渡辺淳一氏の都市伝説を引き継いだかもしれないのが林真理子氏である。

なぜなら、偶然の一致かもしれないが、「愉楽にて」の連載が始まった2017年9月から日経平均が急騰しているからである。渡辺淳一氏との違いは、過去、日経平均が上昇しにくい西暦末尾「7」のつく丁《ひのと》に連載が始まっていることだが、やはり今後、注目すべきは連載終了の時期であろう。

渡辺淳一氏の場合、先にも触れたように「連載が終了すると日経平均も下落」しているからである。連載期間は『化身』は8ヵ月だが、『失楽園』が1年、『愛の流刑地』は1年3ヵ月だった。日経新聞のコア読者層である40代を中心とする企業の中堅社員、ホワイトカラー、経営者は『愉楽にて』のストーリーが今後どのように繰り広げられるかに興味津々かもしれないが、多くの市場関係者は日経平均の値動きがどうなるか、さらに連載がいつ終了するかが最大の関心事で、連載を最低でも1年3ヵ月は続けてほしいと願っているに違いない。

はたして、林真理子氏は新たな日経平均の「守護神」となることができるのだろうか。

# 第6章

# 劣化していく日本

## 日本企業に円高抵抗力は備わったのか？

「日経平均とドル円」（2017年11月25日）の図表をみると、アベノミクス以降、ほとんど日経平均とドル円は連動してきたことがわかるが、ここにきて乖離している。

よくテレビの経済番組で評論家が「日本企業の円高抵抗力がついてきたから株価と為替が乖離している」などともっともらしいコメントを出しているけれど、笑止千万である。

では、いつから日経平均とドル円は乖離し始めたのか？

2017年に入ってからで、円高気味に推移したのにかかわらず、株価が上がってきた。

2017年から突然、日本企業に円高抵抗力が備わったのだろうか。そんなわけはなく、仮に抵抗力を蓄えているとしても、それは徐々にでしかないはず。

いつの世も評論家たちの説明はその場凌ぎでしかない。

「ドル円と外国人買い（累計）」の図表を見ていただきたい。ドル円と実需の外国人買いの累計が乖離しはじめたとき、彼らは買ってこなかった。2016年末に118円まで円安になっても買わなかった。だから乖離していたのだ。

その後、彼らは4兆円程度買いを増やす一方、円高に進み、ふたたびドル円と外国人買いは

## 日経平均とドル円

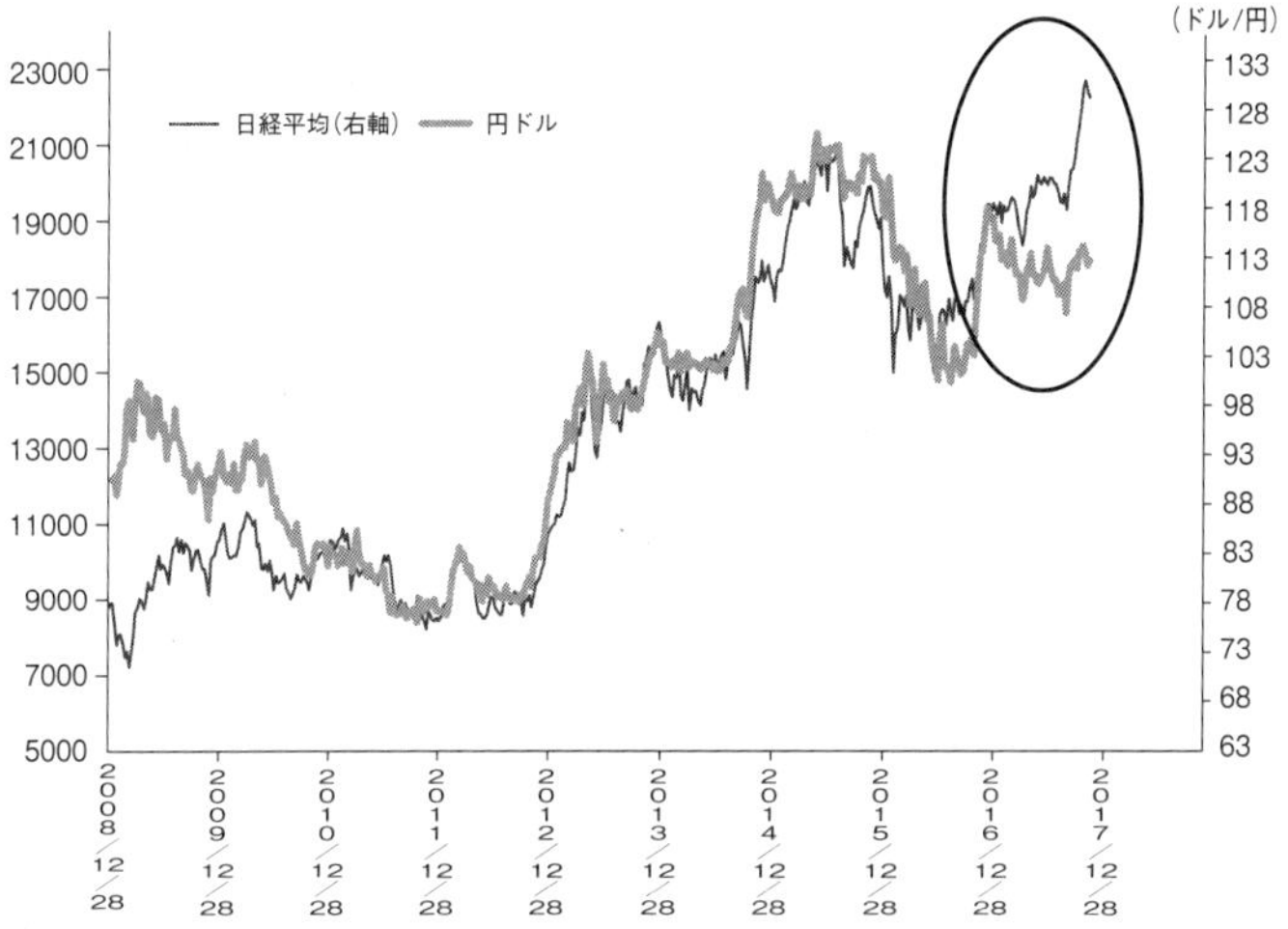


出所：T-Model

## ドル円と外国人買い(累計)

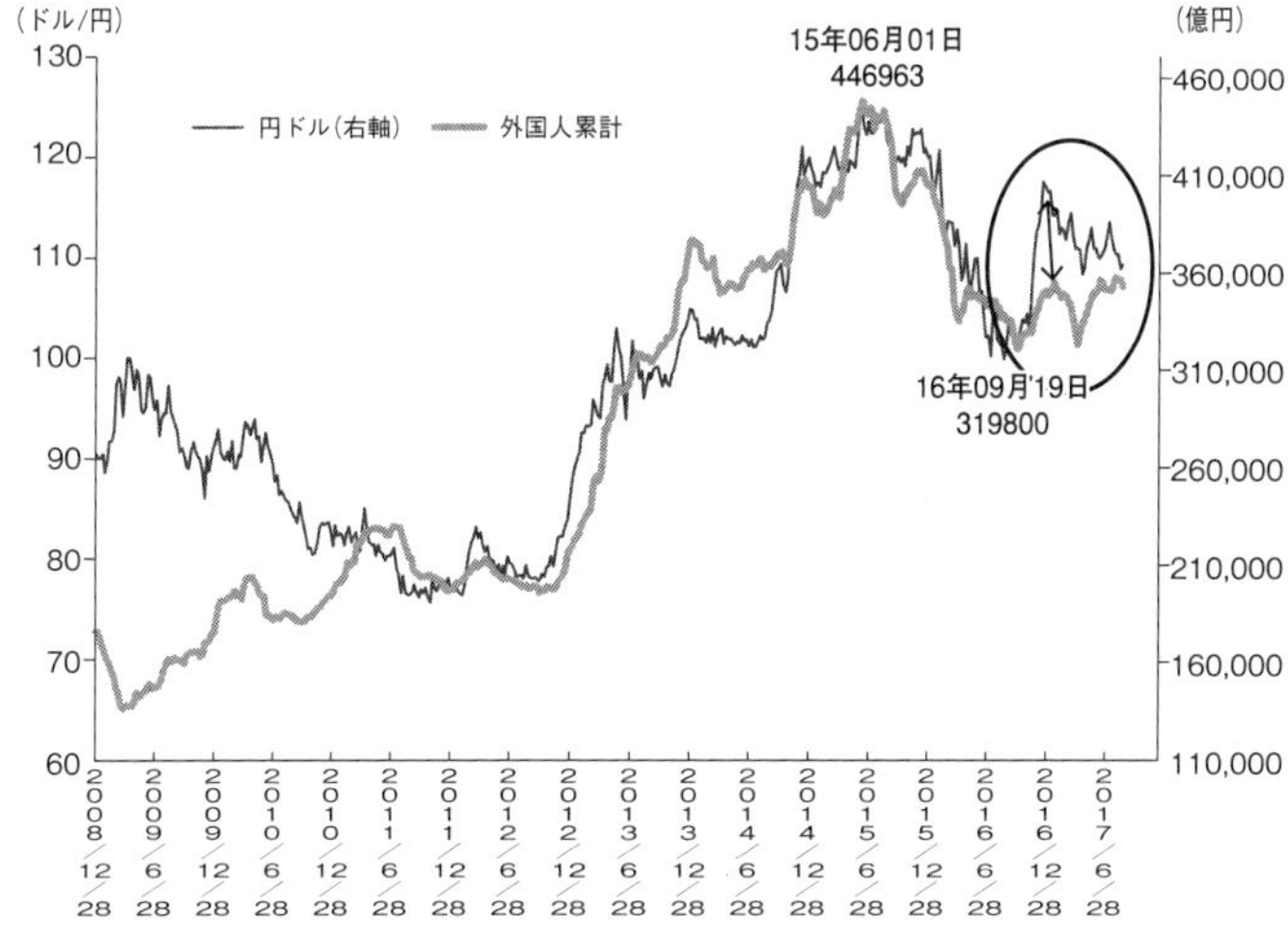


出所：T-Model

キャッチアップするようになった。そして最近では日経平均とドル円は再度、連動し始めている。

周知のとおり、近年の日本株市場を主導しているのは外国勢である。彼らは通常、「為替ヘッジ」しながら日本株に投資するのだが、この乖離した時期だけ外国勢は「為替ヘッジ」をせずに日本株を買っていたわけである。それが乖離の真相であって、日本企業の円高抵抗力がついたという考えは単なる妄想にすぎない。

## 日本の労働生産性の低さはサラリーマン比率の高さに関係する

日本においても、製造業からサービス業への流れが止まらない。

「製造業就業者数と労働人口に占める比率」を見ていただきたい。御覧のとおり、製造業就業者数は2015年9月に1000万人を割り、992万人まで減少した。さらに言えば、就業者全体に占める比率はもはや15％でしかない。

1974年には約3割近くだったのだから、半減したことになる。先にも論じたように、日本も他国に負けず劣らずサービス産業化しているわけで、生産性が上がりにくい構造になっている。

## 製造業就業者数と労働人口に占める比率

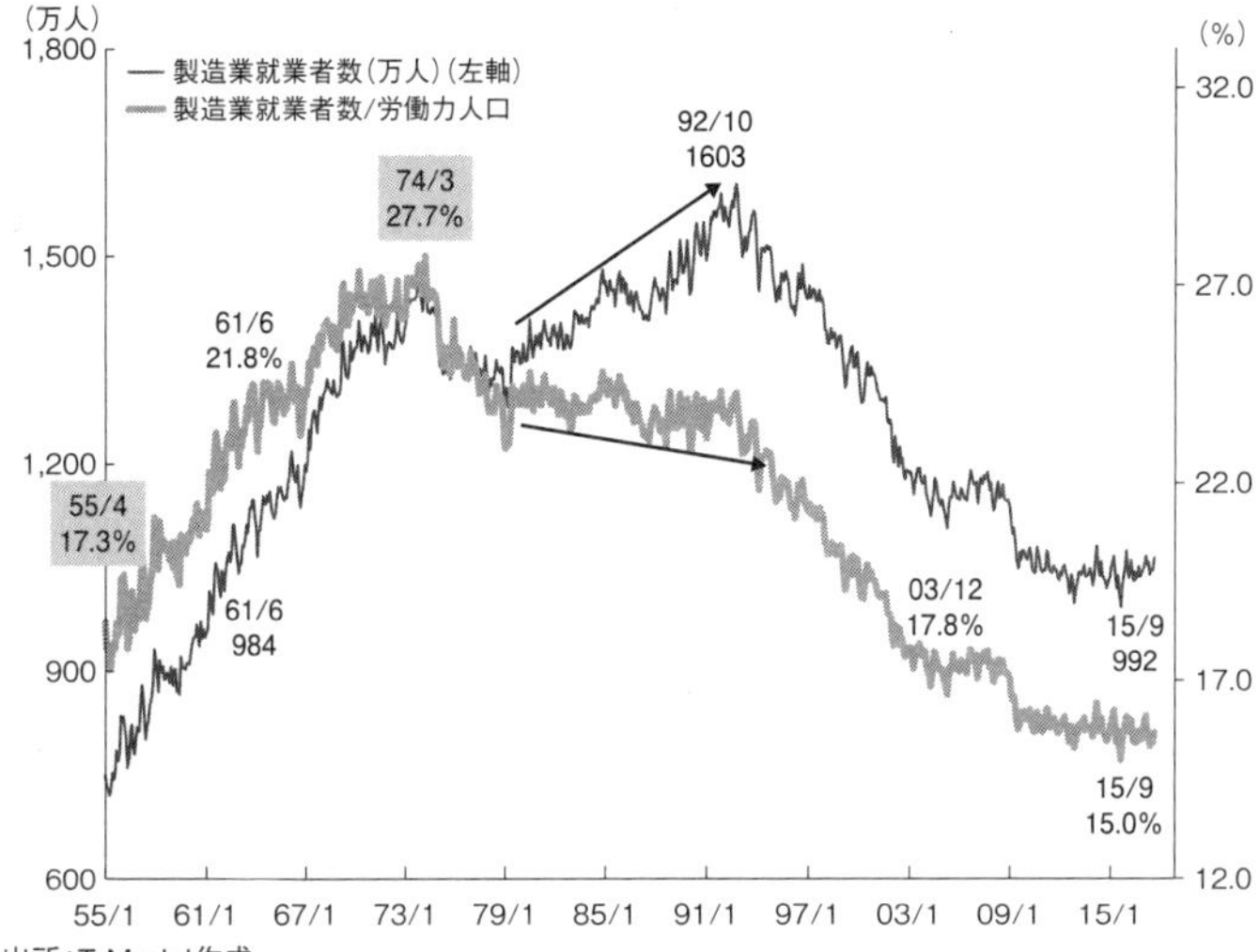


出所：T-Model作成

## 時間当たり労働生産性(2012年)

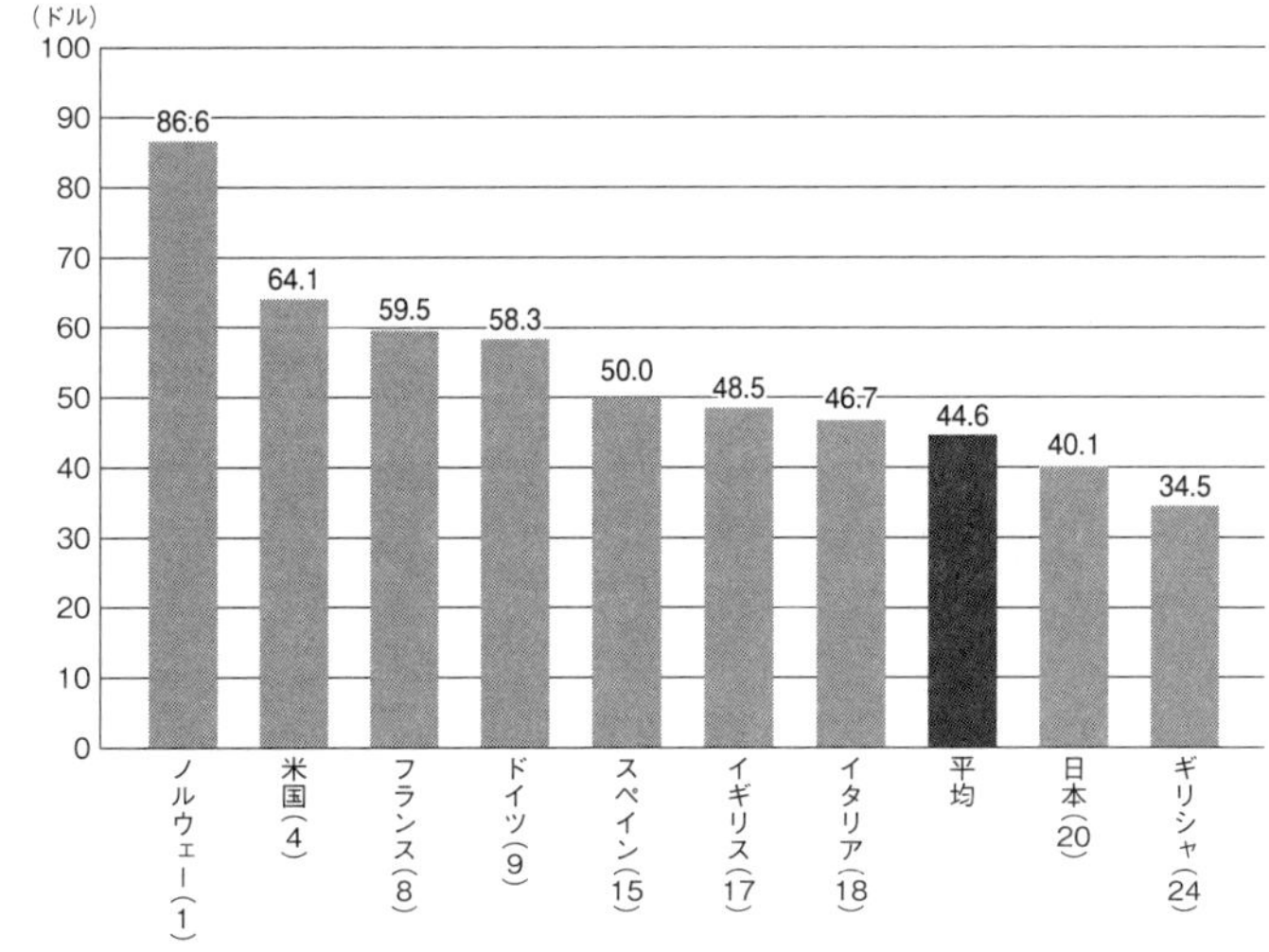


出所：OECD加盟34ヵ国よりT-Model作成

だから成長率は上がらないし、賃金も上がらない。これが実相である。

日本の生産性の低さは「時間当たり労働生産性（2012年）」でOECD加盟国34ヵ国中20位に低迷しているように、悪い意味で折り紙付きといえる。

米国のようにバッサリと首切りができないので、合理化策といっても配置転換ぐらいしかやれない。メガバンクの三菱UFJ銀行、三井住友銀行あたりがリストラ策を発表したけれど、どこまでドラスチックにできることやら。

配置転換で他の仕事に就かせても、そこでの生産性が上がらなければ何のためのリストラだったのかということになりかねない。

その一方で、戦後から右肩上がりで今日まで一方的に伸び続けているデータがある。前出の「サラリーマン比率」だ。

戦後は34％にすぎなかったのが上昇し続け、2012年の段階で87・5％、約9割にまで伸びており、私はこれこそが日本が抱える大問題だと考えている。

他のものは60年サイクルの下に、「戦後の焼け野原の時代」に、新たな違う形の時代に巻き戻されているのに、それに抗うかのように逆方向へ進むのが「サラリーマン比率」なのである。

## 非効率化を招いた日本企業の過度な分業化

サラリーマンとはごくシンプルに言うと、「分業」を担う人々ということになる。サラリーマン比率の上昇は、分業化が進み、効率的な社会になっていることを表している。

企業のなかで生産から販売まで、川上から川下まで、全部1人の人間が担うのではなく、それぞれの領域・部署を専門的に担うのがサラリーマン。そうすると効率化が進むからで、日本企業は一丸となって効率を追求し、日本のサラリーマン社会が急速に構築されていった。

効率化によって大量生産が可能になり、それは大量消費を促し、企業の従業員の年収も右肩上がりという好循環をもたらした。

ところが、そうした好循環は1998年あたりまで続いていたが、その後は逆転現象が起きている。

なぜか。日本企業が分業化を〝しすぎた〟ために、今度は分業が非効率化を招いてしまったからである。大袈裟でなく、工場で製品の部品を造っている人が、自分が何を造っているのか、完成品の形すらわからないような状況になっているのだ。

サラリーマンが多すぎるのが原因である。つまり、サラリーマン比率を下げることが、これから効率化を進める1つの道であろう。

過剰な分業体制の確立がもたらした最大の弊害は、日本のサラリーマンの付加価値の〝劣化〟につながった。それでサラリーマンの給料も下がってきたわけである。

これだけサラリーマン比率が高まれば、自分のやりたいことなど二の次になってしまい、世の中を活性化させる、ブレイクスルーするエネルギーがどんどん萎んでしまう。だから閉塞感に覆われる世の中に導いてしまうという負のスパイラルを招いてしまった。

ではサラリーマン比率がどの程度ならば適正と言えるのだろうか。私はサラリーマンの平均年収の伸びが大きかった1976年あたりの水準、つまり70%程度まで下げれば、日本の効率化が復活するのではないかと思っている。

安倍首相は経済団体に対して企業従業員の年収を3%上げるよう執拗に要求しているが、これはトンチンカンなものだと言わざるを得ない。生産性が上がらないのに賃金のみを上げるわけで、順序が逆なのだ。

## 欧米先進国に比べ新陳代謝が悪すぎる日本企業

「開業率・廃業率の国際比較」は日本の企業の新陳代謝が進んでないことを明確に示している。

## 開業率・廃業率の国際比較

| 国名 | 開業率 | 廃業率 | 開業率ー廃業率 |
|---|---|---|---|
| 日本 | 4.8% | 4.0% | 0.8% |
| 米国 | 9.3% | 10.3% | -1.0% |
| 英国 | 14.1% | 9.7% | 4.4% |
| ドイツ | 8.5% | 8.1% | 0.4% |
| フランス | 15.3% | 11.1% | 4.2% |

出所：「雇用保険事業所年報」よりT-Model作成

開業率、廃業率が他の国に比べて低すぎる。これが新しいビジネスを産まない、産めない原因となっている。逆に言えば、変化を嫌い、動こうとしない。だから大企業に留まろう、しがみつこうとする。

そうすると、大企業には何か問題が起きても隠蔽しておこうとする姿勢が強まってくる。いま、大企業で起きている問題の背景はこれだ。

不正検査、データ改ざん、納入遅れ、杜撰な内部管理、談合等々、内部告発が発端となり、大企業の恥部、暗部が次々と顕わになっている。要はプロ意識が欠如しているのだが、社員の多くに不満が溜まっていることも一方の事実であろう。

大企業は安心だけれど、収入が上がらない。やる気もない。やることもない。そうしたなか、制度疲労を起こして表面化し始めているのである。大企業が絡んだ不祥事は今後もこれでもかというほど出てくるはずだ。

いまは株が高い状態だからまだマシだが、株が暴落している局面であれば、もっと大量に隠蔽してきたことが白日の下に晒されるに違いない。

いまはまだ株価も業績もそこそこ良いから、みんな笑って、「まあいいよ、そんな程度は」と鷹揚《おうよう》にふるまっているけれど、自分が勤める会社がおかしくなってきたら、正反対の言葉を吐くはずである。

## 前年比で減少した冬のボーナス支給額

ところで2017年における日本企業の冬のボーナス状況はどうであったのか。

アベノミクスで株価が上がったことや、企業が過去最高益を出して内部留保が史上最大になったことにはまったく関係なく、前年比で下がってしまった。これが現実である。

大手企業は1・19％減で91万6396円。東証1部上場企業の平均でも71万2898円で前年比0・1％減。業界別で良い意味で目立ったのが建設。五輪特需が反映して前年比で7・1％も上昇した。逆に悪かったのは繊維で、11・7％も下がってしまった。地方別に東京都内の企業（中小を含む）はどうかというと、やや上昇の0・92％増、79万4124円であった。結局、企業側は総じて渋かったという結果になっている。

一方、今回のボーナスの使い道についても、以下のような回答データがある。

1位が預貯金で59・8％。2位は生活費の補填で36・5％。3位にローン・借金の返済が22・3％。4位が国内旅行費用。5位に家電・電化製品の購入と続いており、日本のサラリーマンの相変わらずの堅実ぶりが浮き彫りになっている。

興味深かったのが、自由に使える部分では何に使うのかという設問であった。20代～30代の男性は金融商品の購入などの投資に17・3％も割いており、これは従来には見られなかった傾向だと思う。若者は預貯金しつつ、投資にも積極的に取り組んでいるわけである。

ただ、ボーナスの使い道の第1位が預貯金で59・8％というデータの裏側を見る必要がある。現在、日本の全世帯の3分の1は無貯蓄世帯で、過去最高となっているのだ。その一方では、日本の個人が持つ金融資産は1809兆円（2017年8月）と過去最高に膨らんでおり、現金・預金比率は5割超。

つまり、預貯金ゼロの世帯が漸増しているにもかかわらず、トータルでは個人金融資産は増えている。これは日本でも確実に格差社会化が進んでいることをあらわしている。

たしかに日本にも格差社会ができて、その貧富差は拡大の一途をたどっているわけだが、私はその中身に注目している。先にもふれたように日本のサラリーマン比率は87・5％（2012

年）で、先進国のなかでも突出している。その奥を覗いてみてわかったのは、約9割を占めるサラリーマンのなかに格差が生じて、拡大速度が増していることである。

世の中には、サラリーマンをやりながら副業をしている人がずいぶんいる。投資を副業と考えれば、個人投資の成績次第で相当な格差がついてしまうわけである。

## ようやく増えてきた兼業サラリーマン

２０１７年12月9日の日本経済新聞夕刊に、「フリーで働く私に応援団　１１００万人時代、支援サービス広がる」といった見出しが躍っていた。そのさわりを紹介しよう。

特定の会社に属さず、自分の能力を武器に自由に働くフリーランスや兼業者の人口は１１００万人を超える規模になった。「働き方改革」の一環で政府も後押しするなか、フリーランスが抱える収入や福利厚生面での不安を少しでも解消しようと、新しい支援サービスが広がり始めている。

「働き方改革」を推し進める政府も、多様な就業スタイルの1つとしてフリーランス支援に積極的に取り組む。２０１６年には経済産業省が中心となり「雇用関係によらない働き方に関する研究会」を立ち上げ、フリーランスが抱える課題を洗い出した。厚生労働省も労働法が適用されないフリーランスの働き方について法整備を検討。税制面でも、会社員の給与所得控除を縮小する一方で、フリーランスを減税とする議論が進行中だ。企業がフリーランス人材を活用しやすい環境づくりも重要だろう。コンプライアンスなどの面から企業は個人との契約に及び腰になるケースが少なくない。社会的信用の向上やスキルの指数化も課題だ。経産省の伊藤禎則参事官は「フリーランス活用は重要課題。企業の雇用とフリーランスを自由に選べる流動的な環境が理想」と話している……

こうした国の支援については、もう5年も前から著作やセミナーなどで私が主張してきたことで、「ようやく動き始めたか」という気持ちも少なからずある。とはいうものの、やったほうがいいに決まっているので、国はどんどん推進してほしい。

独立支援をすることが日本の経済を活性化する、良くする、基本的に唯一の方法であるからだ。

日本の労働人口の内訳をもう少し正確に述べると、労働総人口は６３６０万人いて、そのうちの５６００万人がサラリーマン１本で副業を持たない人たち。まったくのフリーランスで働いている人が７００万人で、サラリーマンとフリーランスの兼業組が４１０万人。ということは、全サラリーマンの1割弱の人が副業をしていることになるわけで、2012年あたりを境に副業を持つ兼業サラリーマンが増えている。

かねがね私はサラリーマンの人たちに「副業の勧め」を説いてきた。そのときにこんな言いかたをした。

「副業のフクを『副＝サブ』と思うと、どこか後ろめたい。そうではなくて複数の『複』と捉えて、『複業』だと考えよう」

なぜなら、これからわれわれは「食い扶持」をどんどん広げていかねばならない時代を迎えるからである。

戦後50年くらいまではサラリーマン専業でいても大丈夫な時代であった。年々給料も役職も上がって、不動産などの資産価値も上がった〝純回転〟が続いてきたから、副業をしなくても専業を一生懸命やっていればよかった。

けれども、バブルが崩壊してからは過去の純回転は鳴りを潜めてしまった。1998年から2017年まで下がり続けているサラリーマンの平均年収はその証左である。

悲惨この上ないバブル崩壊を経験した企業側が「守りの経営」にシフトしたからだが、サラリーマン側はいくら懸命に仕事をしても、実質収入を増やせない時代が続いている。

繰り返しになるけれど、手をこまねいていても仕方がないので、別の仕事から収入を得るという選択肢を選ぶ人が増えてきた。投資を手掛ける人も増えてきた。それが４１０万人という数字になってあらわれている。

## すでにサラリーマンを3割減らす方向に舵を切った日本政府

先の記事の続きがこれである。

……２０１６年に経済産業省中心に『「雇用関係によらない働き方」に関する研究会（http://www.meti.go.jp/press/2016/03/20170314006/20170314006.html）』を立ち上げ、フリーランスが抱える課題を洗い出した、と。厚生労働省も労働法の適用されないフリーランスの働き方について法整備を検討。さらに税制面でも会社員の給与所得控除を縮小する一方、フリーランスを減税する議論が進行中……。

私はこの記事を読んだとき、「日本政府はサラリーマンを減らしたがっている」ことを確信した。それを補強したのが先に決められた２０１８年度の税制改革案の中身であった。

まず、サラリーマン向けの所得控除は、収入に関係なく一律10万円の減額。そして、年収８００万円以上については、一律１９０万円の控除に決まった。要は、年収１０００万円の人も2000万円の人も、190万円の控除しかない。これはどう考えても年収850万円以上のサラリーマンの税負担が増えてしまうことを意味している。

こうしてサラリーマン側に負担を強いている一方で、合計所得2400万円以下のフリーランスは減税となっている。富裕層を優遇する米国の所得税の減税案とは正反対のベクトルといえる。

これからも日本政府は税制で露骨な格差を設けて、「もうサラリーマンをやっている場合ではない。とっとと独立しろ」というメッセージを送り続けるのではないか。

米国は現在、労働人口の約3割がフリーランスだ。2008年のリーマン・ショック以降、一気に増えたわけだが、強制的にフリーランスにならざるを得なかった人と、前向きにフリーランサーになった人とがあったはずである。

## 加速すれど逆行はありえない政府の「サラリーマン減少プロジェクト」

以下は、2017年1月に上梓した拙著『サラリーマンは3割減る！』に記した一文である。

……2015年の日本の労働人口は6360万人。米国と同様に労働人口の3分の1がフリーランサーとなると約２１００万人がサラリーマンから退場し、現在のサラリーマンと呼ばれる雇用者数は５７００万人から３６００万人に減少する。そうなると、サラリーマン人口は37％減少する計算で、サラリーマン比率は57％まで低下する。つまり米国並みにフリーランサーが増えれば日本の非効率な労働市場が効率的な労働市場に変化することになる……

冒頭の日本経済新聞の記事には以下のような指摘が込められている。日本の会社は長らく終身雇用年功序列で労働者に安心して働ける環境を提供してくれた。けれども、日本経済は難所に差し掛かり、企業と働き手が新しい関係を築く必要に迫られている。腕一本を頼みにする自立した労働者を増やさないと、日本は沈むしかないのだと。

政府が掲げる働き方改革は、個人の才覚で独自の成果を出す人が報われると同時に、力を出し切れない人への対策も考慮したものにしなければならない。だが、その本音は、働く側のサラリーマンに、21世紀のテーマである「クリエイティブ能力」を高めることを突きつけている。ただボタンを掛け違えてしまうと、主客転倒が起こりうると私は危惧している。

本来「働き方改革」とは、世のサラリーマン自ら率先して実行すべきもので、そのスタートは政府絡みで、政府の物言いで実行する筋合いのものではないと思うからだ。

私が主張してきた望むべき「働き方改革」とは、まずはやる気のある人たち自らがアクションを起こしてフリーランスになる気運を高める。そうした人たちを政府側がサポートし、税制面で優遇すればいいわけである。

だが、自覚のないサラリーマンにとり、政府が主導する働き方改革は単なる「働かせ方改革」になってしまう危険性がある。残念ながら、もうすでにその兆候がサラリーマンならぬ「フラリーマンの出現」となってあらわれている。

たとえば、政府が働き方改革で「残業を減らしましょう」と提言して、企業が一律で残業を減らす。夜7時にはオフィスの電気を消したり、パソコンを動かせなくなるようにしてしまう。

それで行くところがなくなったサラリーマンが何をしているかというと、ゲームセンターに行ったり、コンビニでビールを買って公園で飲んだりして時間を潰している。残業代も出ないわけだから、そういう人こそ副業を見つけて働くなり、副業を研究する時間に使うべきだと思うのだが……。日本電産の永守会長は16年秋に「生産性を2倍に高め、20年に残業ゼロ」を宣言した。本来ならこのように生産性を上げた後に残業を減らすのが正しい手順なのだが、政府は残業を減らせば生産性が上がると勘違いしている。「フラリーマンの出現」は手順を間違えたために起きた仇花《あだばな》とも言えるだろう。

断言しておくが、日本政府のいわば「サラリーマン減少プロジェクト」については、今後逆行することはありえない。加速するにしても、逆行することはない。

仮にそうした方針が気に食わないと駄々をこねる人が大勢いたとしても、世界的な金融危機、2008年のリーマン・ショックのような事件が起きれば、当時の米国みたいに日本でも一気にフリーランスが増えることになってしまう。望むと望まざるとにかかわらず、フリーランス人口は急増する運命にある。

そうであるなら、その前に現在サラリーマン専業の人は副業に手を染めるべきだろう。副業をすることで、サラリーマンプラス副業で広義のフリーランスに、フリーランス予備軍になっておく。そこでサラリーマン時代に知らなかったことを学んで、吸収しておくべきであろう。

勤めている会社に危機が降りかかってきて会社から追い出される前に、自らそれに挑戦すべきではないか。

## 自分の価値がわかっていない日本のサラリーマン

先の新聞記事において、経産省の伊藤禎則参事官は「フリーランス活用は重要課題。企業の雇用とフリーランスを自由に選べる流動的な環境が理想」と話しているけれど、実際にはすでに二者を自由に選べる理想の時代は終わってしまっている。フリーランス増大を実現する時期が訪れているので、政府が腰をあげた。そこをわれわれは読み取らなくてはいけない。

日本のサラリーマンはまず自分の価値がわかっていない。

通常、それを本気で考えるのは会社を辞めようとするときや、あるいはリストラされるとき、あるいは運良くヘッドハンターからオファーが届いたときであろう。

ふだんはなかなか、マーケットは自分をいくらで買ってくれるのかなどとは考えないものだ。たとえばプロ野球の選手なら、自分のマーケットプライスはすぐにわかる。活躍できずにシーズンが終わってしまい、オファーがどの球団からも来なければ自分の価値はゼロと受け止めるしかない。厳しいが、これが現実である。

多くのサラリーマンにとって初めて現実を目の当たりにするのが、リストラされて、再就職先を探すときではないだろうか。

たとえば年収1500万円もらっていたサラリーマンがリストラされ、世間の厳格なふるいにかけられると、実際のオファーは500万円程度だったり、300万円程度だったりする。当人にはきついだろうが、そのオファーのほうが正鵠を射ている。

そうしたギャップが、日本企業の生産性が上がらない大きな要因となっているのではないか。要は労働力が流動化されていないがゆえの著しいミスマッチが起きているのだ。流動化してこなかったツケが溜まりに溜まっているのが、日本の労働生産性の低さに直結しているわけで、もう一度先の図表で確認していただきたい。

日本はＯＥＣＤ加盟34ヵ国の平均よりも下で、あろうことかギリシャとほぼ同じ水準に低迷している。ただ日本に望みがないわけではない。人材配分のミスマッチを解消するための流動化が果たされるようになれば、ノルウェーとまではいかないまでも、ＯＥＣＤ加盟国中の上位に上がれる可能性は十分あると思う次第である。

## 日本の本当の危機は2020年から始まる

次の図表は日本の「人口・世帯数・労働力人口」の変遷をあらわしているものだが、日本の本当の危機が始まるのが２０２０年あたりからであることがわかる。

本書で繰り返し述べてきたけれど、製造業からサービス業へ人口の流れが止まらない日本では、これまで以上に消費人口が重要となる。

日本の労働人口がピークアウトしたのは２００５年。人口増加がピークアウトしたのは２０１０年であった。

この２つがピークアウトしても日本経済は何とか持ちこたえてきた。その要因は世帯数が漸増していたからにほかならない。世帯数が増えれば、高価なモノは買わなくても、それなりの

## 人口・世帯数・労働力人口

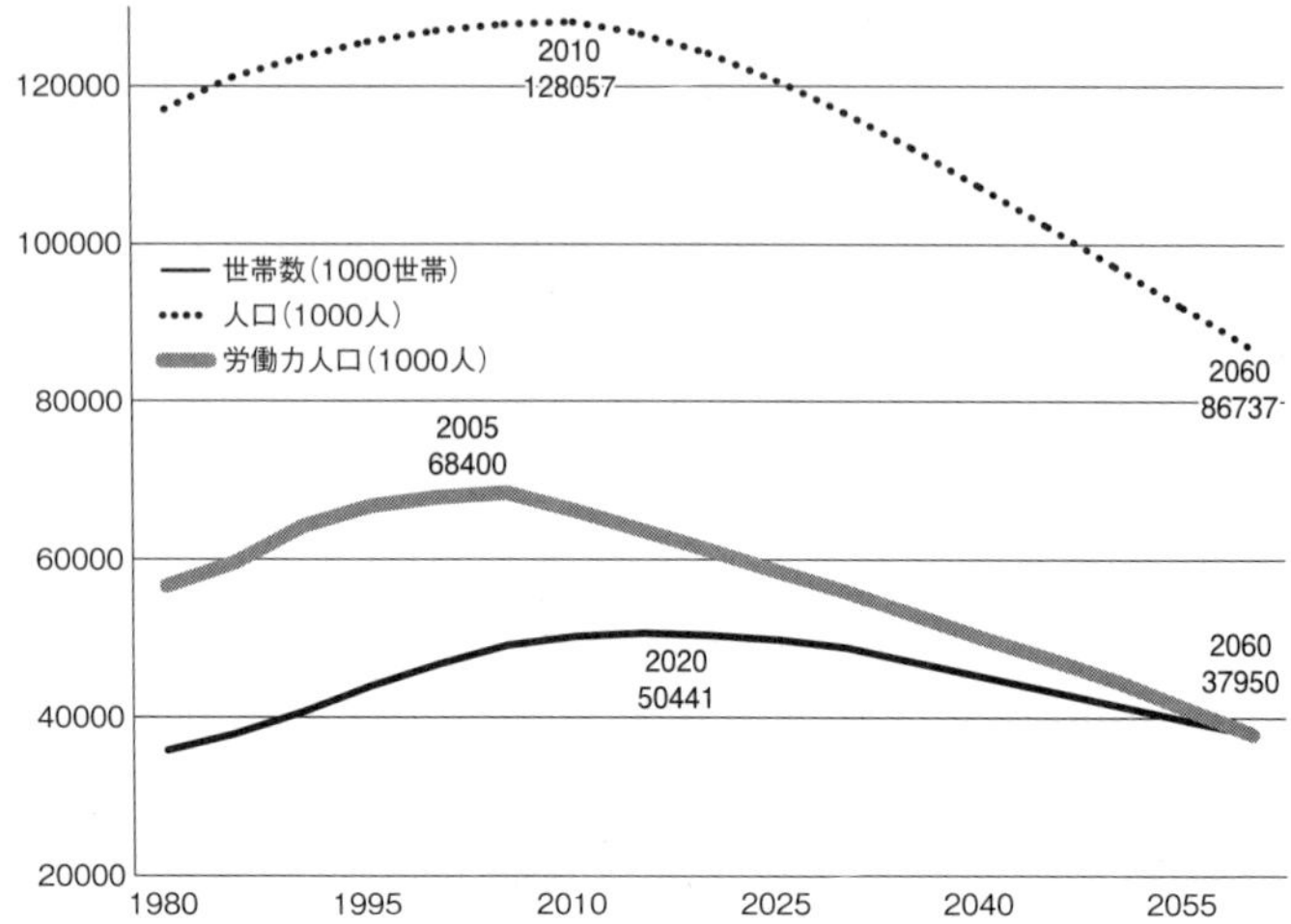


出所:T-Model作成

需要が発生するからだ。

ところが、日本の消費を何とか支えてきた世帯数も２０２０年、東京五輪の年に５０４４万世帯でピークアウトすると予測されている。

ここから日本は人口減などよりはるかに深刻なステージに突入していく。すると、サービス業も苦しくなってくる。

サラリーマン比率が高いままでは生産性は上がらない。しかも消費を支えてきた世帯数は落ち込んでいく。日本が国としてフェイドアウトしていく構造的な問題を抱えていることに２０２０年をすぎてから気づいても遅い。「大企業病からの脱出」、「サラリーマン比率を70%周辺まで低下させる」、「開業率上昇のための政府支援」等々の改革はまったなしだ。

## 幸福度ランキングと社長数ランキング

| ベスト10 | | 幸福度指数 | | 人口10万人当たり社長数（2014） |
|---|---|---|---|---|
| 1 | 福井県 | 7.23 | 福井県 | 1463 |
| 2 | 富山県 | 7.20 | 山梨県 | 1289 |
| 3 | 石川県 | 6.90 | 富山県 | 1176 |
| 4 | 鳥取県 | 6.63 | 島根県 | 1147 |
| 5 | 佐賀県 | 6.55 | 新潟県 | 1136 |
| 6 | 熊本県 | 6.55 | 山形県 | 1101 |
| 7 | 長野県 | 6.48 | 香川県 | 1090 |
| 8 | 島根県 | 6.35 | 大分県 | 1077 |
| 9 | 三重県 | 6.25 | 徳島県 | 1068 |
| 10 | 新潟県 | 6.11 | 長野県 | 1063 |
| 38 | 東京都 | 5.38 | 東京都 | 691 |
| 39 | 福岡県 | 5.28 | 沖縄県 | 676 |
| 40 | 青森県 | 5.25 | 愛知県 | 639 |
| 41 | 沖縄県 | 5.20 | 兵庫県 | 609 |
| 42 | 京都府 | 5.18 | 大阪府 | 603 |
| 43 | 北海道 | 5.15 | 滋賀県 | 592 |
| 44 | 埼玉県 | 5.08 | 奈良県 | 521 |
| 45 | 兵庫県 | 5.03 | 千葉県 | 420 |
| 46 | 高知県 | 5.00 | 神奈川県 | 404 |
| 47 | 大阪府 | 4.75 | 埼玉県 | 389 |

出所：T-Model作成

東進ハイスクールの講師でいまやもっとも忙しいタレントの1人となった林修氏のキャッチフレーズではないが、「いつやるの？〝いま〟でしょ」は日本人全員に呼びかけている言葉なのである。

「幸福度ランキングと社長数ランキング」を見ると、ベストテン・ワーストテンがかなりかぶっており、なかなか興味深い。

福井県はこのところずっと幸福度ランキングと人口10万人あたりの社長数ランキングでトップを走っている。

これを見て、何かを教えられているような気がするのは私だけではあるまい。

もうサラリーマンで大企業とか何かにしがみついているよりも、独立して社長になることを考えたほうがいい。それを意味しているのではないか。

私もそうだが、たしかに社長業はしんどい。苦しいのだけれど、そちらのほうがやりがいに満ちているし、幸福なのである。

## バルミューダ社長の至言

２０１７年10月19日のテレビ東京「カンブリア宮殿」で【革新的家電を続々開発！躍進するバルミューダの秘密】が放送された。自然の風を再現した4万円近い扇風機。焼き立てのパンが味わえる2万円以上のトースター。これまでの常識をくつがえすバルミューダの製品は、なぜ支持されるのか。

バルミューダは２００３年創業。寺尾玄社長は家電メーカーなどに勤めた経験のないズブの素人。17歳で高校を中退しヨーロッパを放浪後、10年間、ミュージシャンとして活動していた。家電の素人がたった１人で同社を立ち上げた異色の企業である。

番組内では寺尾社長の人生に焦点を当て、２人の恩人との奇跡的な出会いによって、成功を掴み取るまでの物語が紹介された。多くの方も御覧になったかと思うが、寺尾社長が番組内で放った言葉が今のサラリーマン化した日本人の心に響いたのではないだろうか。

「トースターを作るときに、トースターを作っているとは思っていないんです。食べた瞬間のうれしさをわれわれは開発している」

「うれしさそのものって製造できないんで。道具屋なんだけど、うれしさを見てますっていう姿勢を強く見せたい」

「ポジティブな人は、失敗に対して鈍いです。俺が知っている中で一番鈍いのが、俺。会社としては皆さんに、失敗していいです、って言い切ります」

「楽《らく》と楽しいはまったく真逆だと思ってる。楽だと、楽しくない。楽しいと楽じゃない。私は120％楽しいを選び抜く人生を送る」

「私は人の真似はしない。なぜならば、自分で考えるから。それじゃないと燃えられないんですよ」

「やると決めたら誰かに相談する必要はない。重要なものほどない」


どの言葉もいまの日本人に、そして数々の不祥事が表面化しているいまの大企業に欠けている精神を言い尽くしているのではないだろうか。

特に、「楽だと、楽しくない。楽しいと楽じゃない」は印象に残ったが、あるインタビューで「楽しかったときのことを考えると、それって楽じゃなかったはずです。難題を何とか解決したとか、苦境にあったけれど乗り越えたとか、あるいは逆に、何かを始めようとか、新しいことに挑戦しようとか、そういうとき、めちゃくちゃ楽しいですよね。不安や怖さを抱えながら、ドキドキするじゃないですか。私は、明日の朝も昼も晩も、あさってもまた、ドキドキしていたいんです」と語る。

そして、「ただ失敗そのものは嫌な体験です。他人に迷惑をかけるし、バカと思われて恥ずかしいし、傷つくし。ただ、今まで経験してきた成功と失敗のことを振り返ると、失敗が自分を強くしてくれたと思うんです。一方、成功が自分を強くしてくれたという実感はないですね。失敗は傷つくけれど、闘志が湧いてくる。ヤバくなればなるほど、ハートが熱くなってくる！ハートがどこにあるかはわからないですが、やっぱり左胸のあたりかな、ここがメラメラと熱くなってくるのがわかる」

失敗を恐れない情熱が言葉に表れている。これからもバルミューダと「モノを売るのではなく、体験を売る」と語る寺尾社長の活躍から目が離せない。


もう1つ言うと、「音楽」という勉強だけ、楽しいと書く。あとは数学とか物理学とか地学とか皆「学ぶ」と書く。

音楽だけそういう格別の待遇を与えられているのには、おそらく何か意味があるのであろう。あるとき、ふとした気づきが私のなかに舞い降りてきた。

「音学」ではなく「音楽」と書くのは、音を楽しめる人は必ずしも全員ではないからかと。本当に楽器や歌を楽しめる人は特定の人だけなのかもしれない。「学ぶ」ことは誰にでもできるが、

「楽しめる」人は少なく、「楽しむ」ことの難しさを物語っているような気がする。

## 4横綱時代の終焉は1つの時代の終わりの始まり

周知のとおり、大相撲の横綱日馬富士(33＝伊勢ヶ浜)は昨年11月29日、日本相撲協会に引退届を提出し、受理された。同年10月の秋巡業中に鳥取県内で幕内貴ノ岩(27＝貴乃花)に暴行を加えた問題で、警察や日本相撲協会の調べが続くなか、処分を待たずに自らが責任を取って引退を決意した。

日本相撲協会広報部によると、これまで歴代で15度あった4横綱時代において10場所(18ヵ月)以上続いたのはたった2度しかないという記録が残っている。

直近、4横綱の場所だったのは1999年名古屋場所からの曙、貴乃花、3代目若乃花、武蔵丸で、3代目若乃花の引退により5場所で終わった。

また、年6場所制となった58年以降で4横綱がいたのは34場所あるが、全員皆勤は6場所だけ(17%)。つまり、4横綱が出場する場所は異常な状態であり、4横綱時代は長く続かないことは歴史が証明している。

歴史を紐解くと、実は4横綱時代は経済とリンクしていることが多く、時代の転換期だったことがわかる。

前回１９９９年名古屋場所～２０００年春場所の５場所続いた曙、貴乃花、３代目若乃花、武蔵丸の時期はＩＴバブルの時期と重なり、その後、ＩＴバブル崩壊とともに３代目若乃花の引退で終了した。

その前が１９９０年秋場所から91年夏場所の５場所続いた千代の富士・北勝海・大乃国・旭富士の時期は大横綱千代の富士の引退で幕を閉じたが、大型景気拡大期の１９８６年～１９９１年の内需バブル景気終了の時期と一致している。そして、大乃国、旭富士、北勝海も相次いで現役を退き、92年名古屋場所から横綱不在になって「失われた20年」が始まった。

その前が１９８７年九州場所～88年初場所の２場所だけで終了した千代の富士、双羽黒、北勝海、大乃国の４横綱時代であった。時期としては１９８７年10月のブラックマンデー直後に始まり、双羽黒（北尾）の突然の廃業で終了している。ここ直近３回を見るだけでも、４横綱時代は「１つの時代の終わりの始まり」でもある。

このようなかたちでの日馬富士の引退はまことに残念だが、稀勢の里が昨年３月の春場所に横綱に昇進してから始まった17年ぶりの「４横綱時代」はわずか５場所で終わった。しかも30歳代の白鵬、日馬富士、鶴竜、稀勢の里の４人全員が皆勤した場所はなく、稀勢の里、鶴竜は

4場所連続休場中と、横綱4人という豪華番付は大きく期待を裏切った。

年6場所制となった1958年以降の7例中、1年間持ったのはわずか2例しかないが、「4横綱時代」は、今回の日馬富士のように不祥事が原因で終焉を迎えた例が複数ある。たとえば前田山は、休場した1949年10月場所中に野球観戦し、引退勧告を受けた。双羽黒は、1987年の年末に部屋の師匠（女将さんとも言われる）との対立が原因で、廃業した。また、戦前では玉錦の死去で4横綱時代が終わった例もある。今回も暴行事件でピリオドを打った「4横綱時代」。そのため角界では「呪われた4横綱時代」とも囁《ささや》かれている。

先に指摘したように、4横綱時代の終焉は「1つの時代の終わりの始まり」を告げる。これからどんな時代の終わりの始まりになるのだろうか。

昨年3月から「4横綱時代」が始まって起きたのは、日経平均が26年ぶりの高値まで急上昇、NYダウも史上最高値を連続更新していることは印象的だが、他にも自民党が衆議院解散総選挙で圧勝、5年に一度の中国共産党大会で習近平国家主席が党のトップの総書記に正式に再選、トランプ氏が大統領就任後初めて訪日し、北朝鮮情勢をはじめ、国際的なさまざまな課題について協議がなされた。このどれが「1つの時代の終わりの始まり」になるのかはいまから決めることはできないが、2018年以降にそれが現れてくることだけは間違いない。「たかが大相撲と思うなかれ」である。

# 第7章

# 先行指標を探しだせ！

## 先行指標と遅行指標

本来われわれが注目すべきは〝先行指標〟である。

これは皆さんにかねがね申し上げてきた私の持論なのだが、雇用統計、GDP値、小売売上高、国際貿易統計、住宅着工件数等々のデータはすべて「遅行指標」であって、それらを見て景気判断をするのはまったくナンセンスであるということだ。

本当の意味での先行指標となるのは、先に示したクレジットカード貸し倒れ償却率のようなデータであるのに、市場関係者の大半は肝心の先行指標には目配りせずに遅行指標を判断材料にする。したがって、市場関係者の対応は後手後手を踏んでしまう。

なかでもまずいのは、典型的な遅行指標である雇用統計を景気のバロメーターと思い込んでいることである。FRBなどはその典型ともいえるのだけれど、景気が良くなったからこそ雇用が改善するわけで、本末転倒も甚だしい。

## 銅価格こそが世界景気の先行きを占う先行指標

経済、金融の世界にはＧＤＰ、株式時価総額をはじめとする様々な重要な指数、あるいは指標が存在する。

そのなかに原油価格（ＷＴＩ）と銅価格（Copper）という2つの指標があり、この見分け方を基本的に間違えている人は驚くほど多い。テレビの経済番組に出演する著名なコメンテーターの多くも誤認しているようである。

まず第一に、原油価格とは、世界景気の先行きの良し悪しを判断する先行指標ではないということだ。そうではなくて、原油価格はいまの世界経済がデフレなのかインフレなのかを示す、コストを表している指標なのである。だから、世界景気が悪くなっているから原油価格が下がっているという議論はもう笑止千万といえる。

世界景気の先行きを判断する先行指標はあくまで「銅価格」であって原油価格ではないのに、それをごっちゃにしている人があまりにも多い。

CopperとＷＴＩをみると、基本的にはほぼ同じような推移をしているように映るが、微妙に異なっている。

## Copper/WTIレシオ

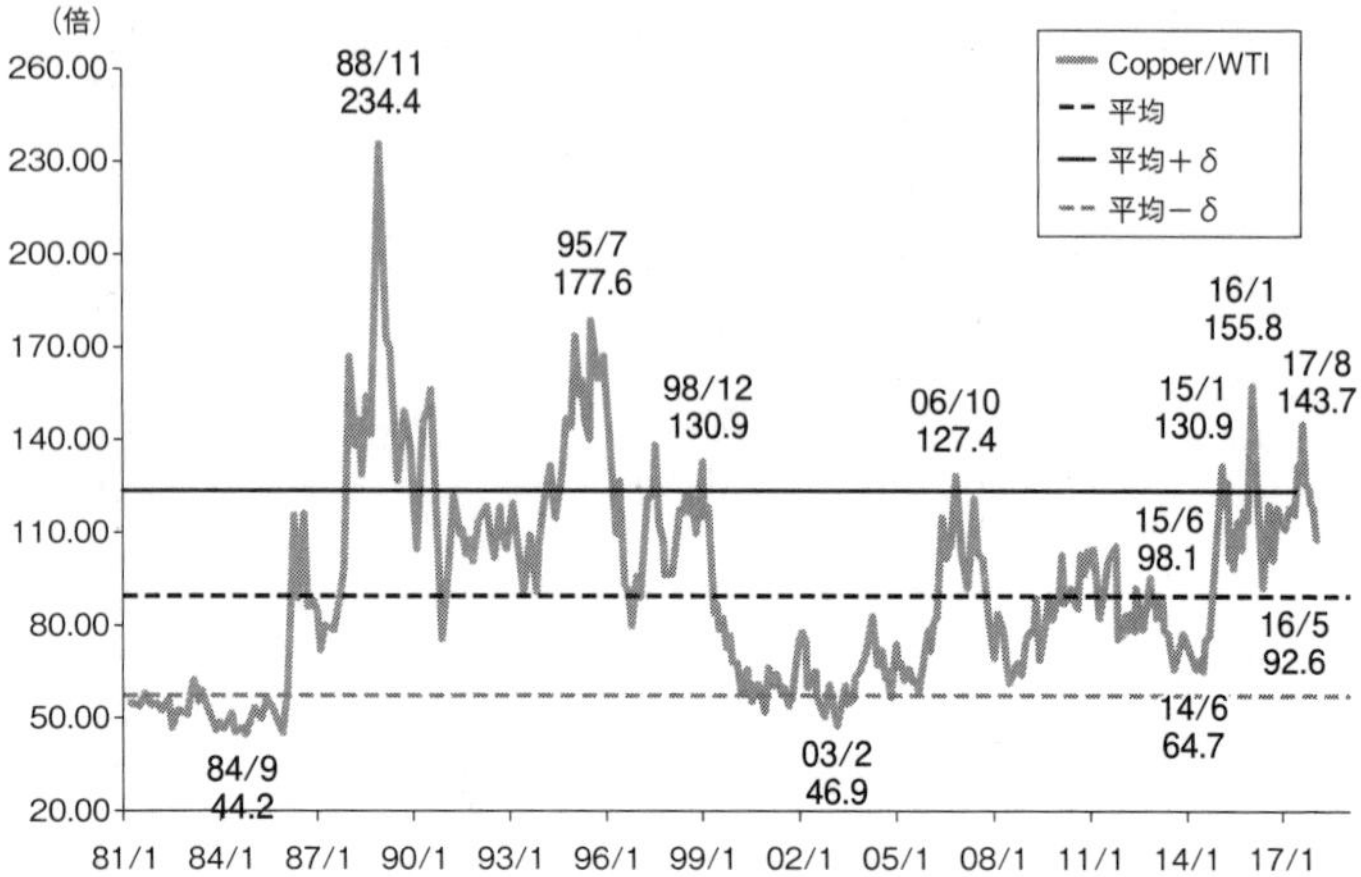


出所：T-Model

この2つの動きをどう比較し、分析すればいいのか。つまり、世界景気が維持された状態で原油価格が下がる良い原油価格の下落なのか、そうでないのか。

これで極めて有効なのが、銅価格を分子、原油価格（WTI）を分母とする、銅価格をWTI（原油価格）で割った「Copper／WTIレシオ」である。

「Copper／WTIレシオ」は単なる価格変動の推移と異なり、大きく変動しているのがわかる。

それにしてもなぜ銅価格がそれほど世界の景気を左右する先行指標となり得るのだろうか。

銅は電気や熱の伝導性に優れていることから、その用途は世界をつなぐ銅線や銅管をはじめ非常に多様で経済の重大な変化を語るうえで欠かせない金属。経済予測の達人として「ドクター・カッパー（銅博士）」という異名がつけられるほど、銅という金属の価格は世界の景気動向に敏感。2011年に起きた世界的なクレジットクランチ（信用危機）においても早い段階で銅価格は下落し、また、2008年末には株式市場の反発より数ヵ月も相場を早く持ち直している。また、2015年6月1日まで日経平均株価が終値で12営業日連続で値上がりしたのは、まさしくこの「Copper／WTIレシオ」の急上昇期に生まれたものだったわけである。

実はこの「Copper／WTIレシオ」は不思議な指標とも連動している。それはなんと日経平均株価である。同指標が上向く時期は日経平均も上昇し、下落する時期は日経平均も低迷する。また、日経平均がピークを打つ前に同指標は下落を始める先行指標的色彩が強いのも特徴である。

## 資産暴落の先行指標となるクレジットカード貸し倒れ償却率の上昇

第2章の冒頭でもふれたが、大切なところなので、もう一度「米国の家計債務残高の内訳」について考察してみよう。2008年9月に起きたリーマン・ショックの際に注目された住宅ローンは当時79％もあったのが2017年6月には68％まで低下しているので、滅茶苦茶に悪

## 米国家計債務の貸し倒れ償却率

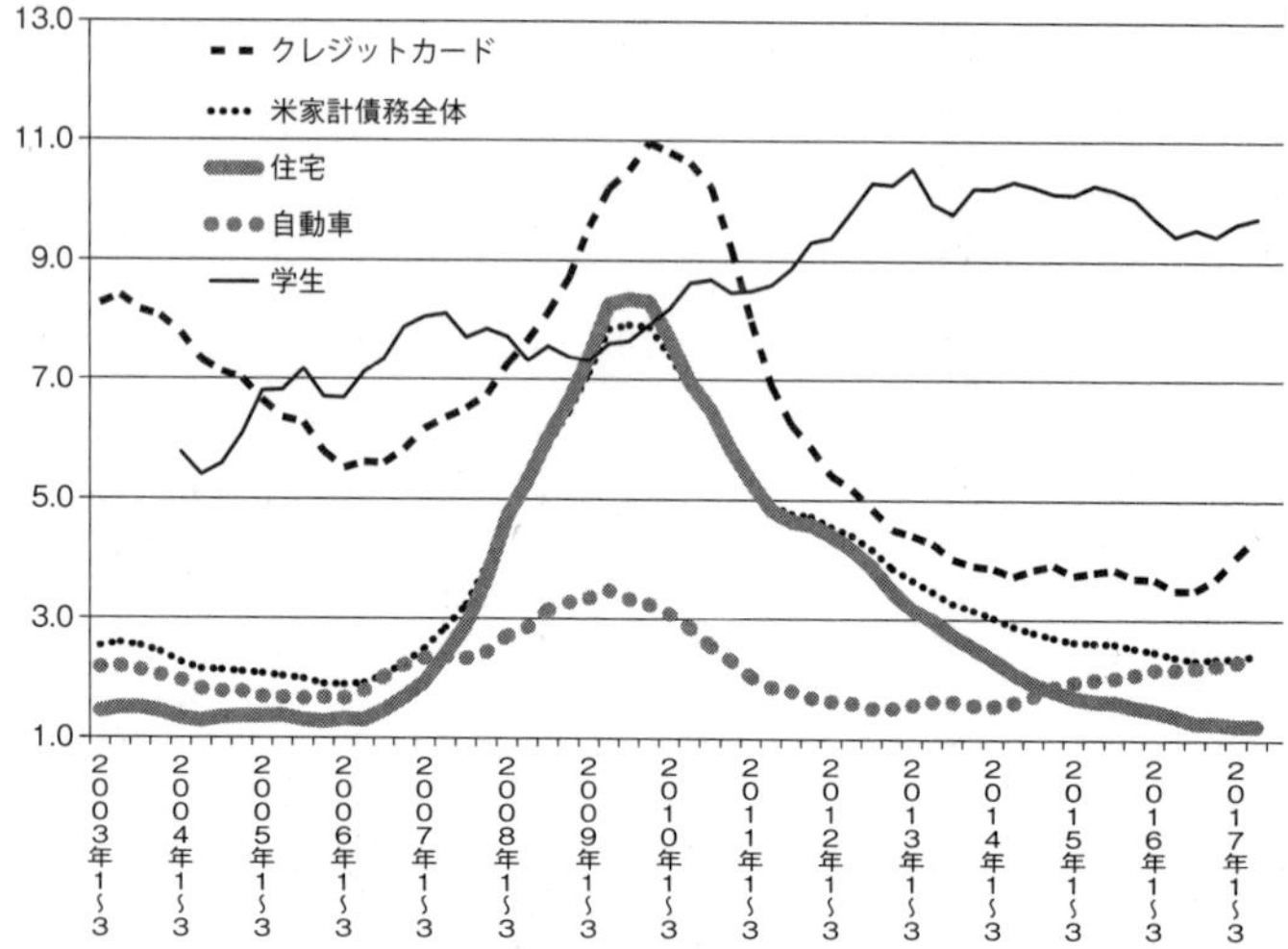


出所：T-Model

いとは言えない。

やはり気になるのは割合が増加している自動車ローン、学生ローン、クレジットカード債務といえる。

次に載っているのが「米国家計債務の貸し倒れ償却率」。これは目盛りが高いほど悪化していることをあらわす。住宅ローンが結構低いところで推移していることがわかる。

先に解説したとおり、ローンを拡大するには、資産価値を拡大させる必要がある。つまり、株価や不動産価格が上昇しなければならない。けれどもそれを繰り返していると、その間にローンの中身が劣化してくるわけである。

最後はサブプライム・ローンのように、

本来は金融機関がお金を貸せない人にまで貸し込むといった状況になってしまう。だからローンを野放図に拡大させると、どんどん貸し倒れが増えてくる。

リーマン・ショック時のクレジットカードの貸し倒れ償却率は最悪であった。しかしながらリーマン・ショック後からは順調に改善し、２０１６年第２四半期には３・５％まで下がっていた。

ところがいま見ると、そこでピークアウトしたことがわかる。その後は明らかに悪化してきている。

リーマン・ショックの前を見ると、２００６年第１四半期に５・５％でピークを打ってから11％まで急激に悪化した。一方、ＮＹダウの株価は２００７年のサブプライム・ローン危機あたりからぐんぐん落ちていった。

つまり、クレジットカードの貸し倒れ償却率は資産価格が暴落する前にその〝兆候〟を教えてくれるわけである。先行指標となってくれるのだ。

この「米国家計債務の貸し倒れ償却率」を見直してみると、リーマン・ショック発生時、住宅ローンの貸し倒れ償却率は高まったとはいえ、クレジットカードほど高くはなかった。

なぜか？　住宅ローンのほうが優先的に引き落とされるからだ。借り手に収入が入ってくると、まず住宅ローン、次に自動車ローンといったプライオリティで引き落とされていく。

それで家計債務のなかで順番が常に後回しにされるクレジットカードの支払いの滞りという現象がもっとも早い時期にあらわれてくる。この先行指標は本物である。

## 経済を科学するということ

つまり、クレジットカードの貸し倒れ償却率の動向は将来を見る上ではきわめて参考になる。皆さんにはなるほどそうだという漠然としたレベルでなく、クレジットカードの貸し倒れ償却率が悪化し始めてからどれくらいの時間が経過すると株価の崩壊時期が訪れるのかを図表で確認してほしい。それが経済を科学することになるのだから。

くどいようだが、もう一度さらってみよう。

クレジットカードの貸し倒れ償却率の縮小ピークは2006年第1四半期に5・5%のときに訪れていた。そしてNYダウのピークは株価のピークが2007年第3四半期。つまり、1年半のラグタイム、ズレが生じていたことがわかる。

次回もそのとおりになるかどうかは別にして、この程度のラグは生じるものだという1つの参考データになる。それが大事なのだ。

当然ながらこの当時と現在の状況は違うわけだから、ラグがまったく同じということはないにせよ、1年半を目安に前後2年ぐらいずれるのが許容範囲だろう。

そうすると、２０１８年にはまずＮＹダウはピークをつけて下落局面に入ってくるのではないかとの予測につながる。そうした思考を備えて経済を科学していただきたい。

## 上海株バブル崩壊を予告していたドクター・カッパー

前述したとおり、世界景気の良し悪しを判断する最重要指標は銅価格である。近年の好例を紹介しよう。

２０１４年年初から同年7月まで銅価格と上海総合指数はほぼ軌を一にしていたが、7月を境に乖離が始まった。

その後銅価格がどんどん下落し続けて6年ぶりの安値まで下落したのに対し、上海総合指数は異様な上昇を続け、過去1年間で約2・5倍に急騰した。

中国の株式市場における主役は、日本や欧米とは異なり、2億人以上といわれる個人投資家だ。しかも取り引きのメインは過剰な信用取引である。

実体経済が明らかに減速するなか、すでにバブル崩壊の兆しをみせる不動産投資の後釜として、株式市場は中国の個人投資家の関心を呼び、彼らの熱狂が短期間に上海株バブルをつくり上げてしまったのである。

5月末、上海市場における株式時価総額が東京市場を超え5兆9000億ドル（約730兆円）とアナウンスされるに至った。

だが、実体経済を表す銅価格の動静に逆らえるものなどない。

その当時、過去1年間で原油は約5割、ニッケルは約4割、白金は約3割、アルミニウムとゴールドは約1割強下落、ほぼすべての商品市場は安値圏へと移行、下げ止まる気配はなかった。

銅価格と上海総合指数の乖離がいつまでも続くわけがなかった。中国政府が信用取引を規制したことが引き金となって、2014年6月26日、上海総合指数は前日比で実に7・4％の急落をみせた。その後も下落は続き、なんと3週間で3割も株価は下がった。

中国政府は巨額資金を市場に注入してPKO（株価維持政策）を採ったり、全上場銘柄の約半数を売買停止（上海・深圳）にするなど、これ以上の株価下落を回避するためになりふり構わぬ対応を行う羽目となった。だが、そうした政府側の対応は実体経済と株価の乖離をさらに目立たせるだけで、逆効果をもたらすだけであった。

中国当局が「ドクター・カッパー（銅博士）」の影響力を真摯に受け止めてさえいれば、このような大混乱は多少なりとも防げたのではないかと思う次第である。

## 日経平均株価とナスダック総合指数

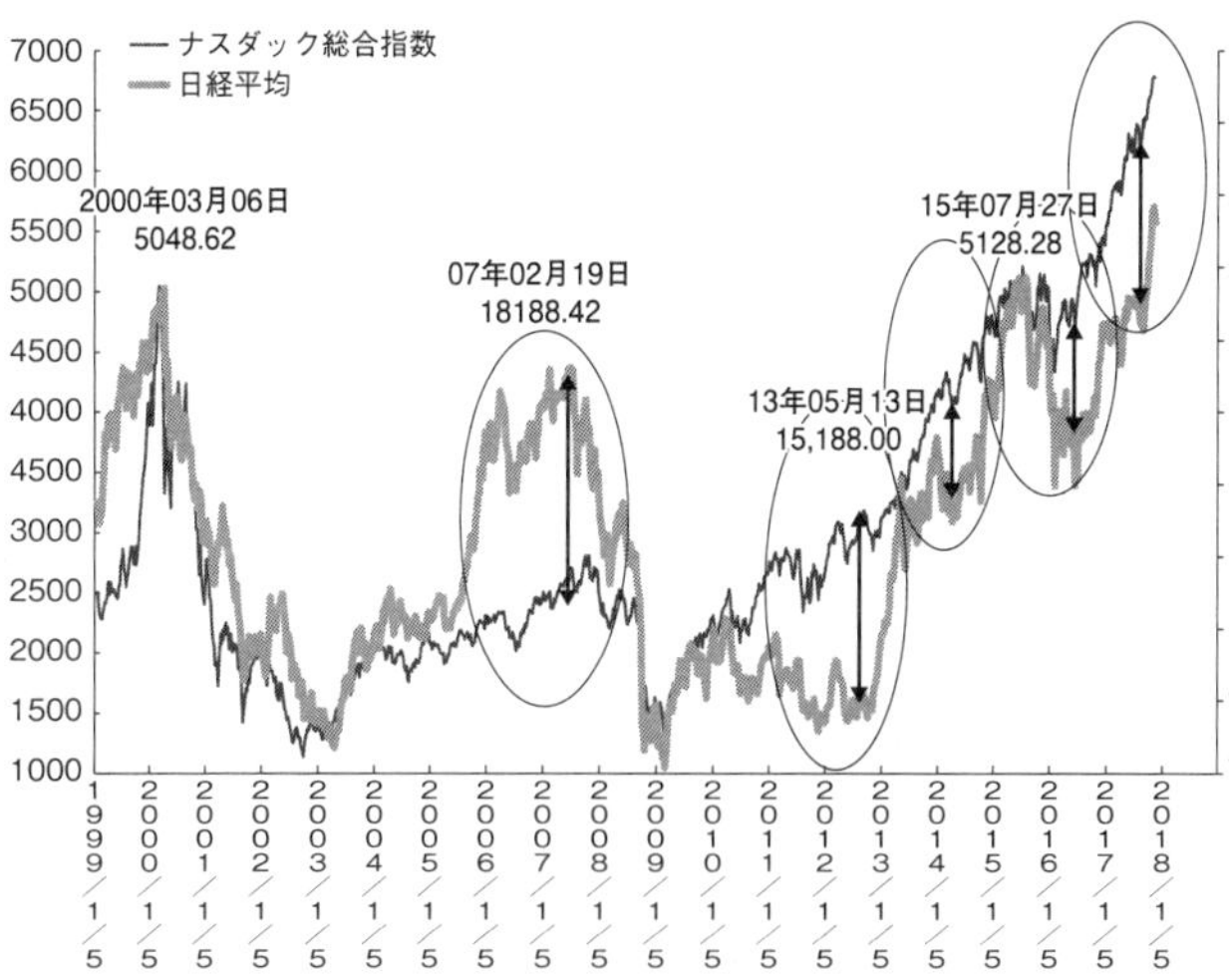

出所：T-Model

### ナスダックと日経平均の不思議な関係

テレビの経済ニュースで毎日値動きが取り上げられるのは国内では日経平均、海外では米国のＮＹダウと相場が決まっていたが、近頃ではＴＯＰＩＸや米国のナスダック総合指数までカバーしてくれる番組も増えてきた。

実は長いアナリスト生活での分析から、日経平均はＮＹダウよりもナスダック総合指数に連動する動きを見せることがわかっている。構成銘柄にハイテク企業が多いのが１つの要因だと筆者は思うけれど、不思議である。

ナスダック総合指数がどんどん上がり続

ければ、それと連動する形で日経平均は上がっていき、逆にナスダックが大きく下げるような調整局面があると、日経平均は付き合うかのごとく連動するわけである。

ところが実際には、ナスダック総合指数は加重平均型の指数であり、本来は日経平均と比べてはいけない性格の指数といえる。

日経平均の計算の仕方はNYダウと同じ計算の仕方で、構成銘柄の株価が高いほど指数を上げる仕組みになっている。

ナスダック総合指数はどちらかというとTOPIXだとか、米国で言うとS&P500のように、時価総額と連動していくようなスタイルをとっている。したがって、本来であればTOPIXとナスダック総合指数を比べなければならないのだが、なぜか日経平均とナスダック総合指数が非常に連動的な動きを見せている。

今度、ナスダック総合指数を朝の経済番組で見るときには、それを意識して日経平均がキャッチアップするのかどうかに注目してほしい。これからの投資に非常に重要な要素だと思うからである。

## ナスダック総合指数とドル建て日経平均

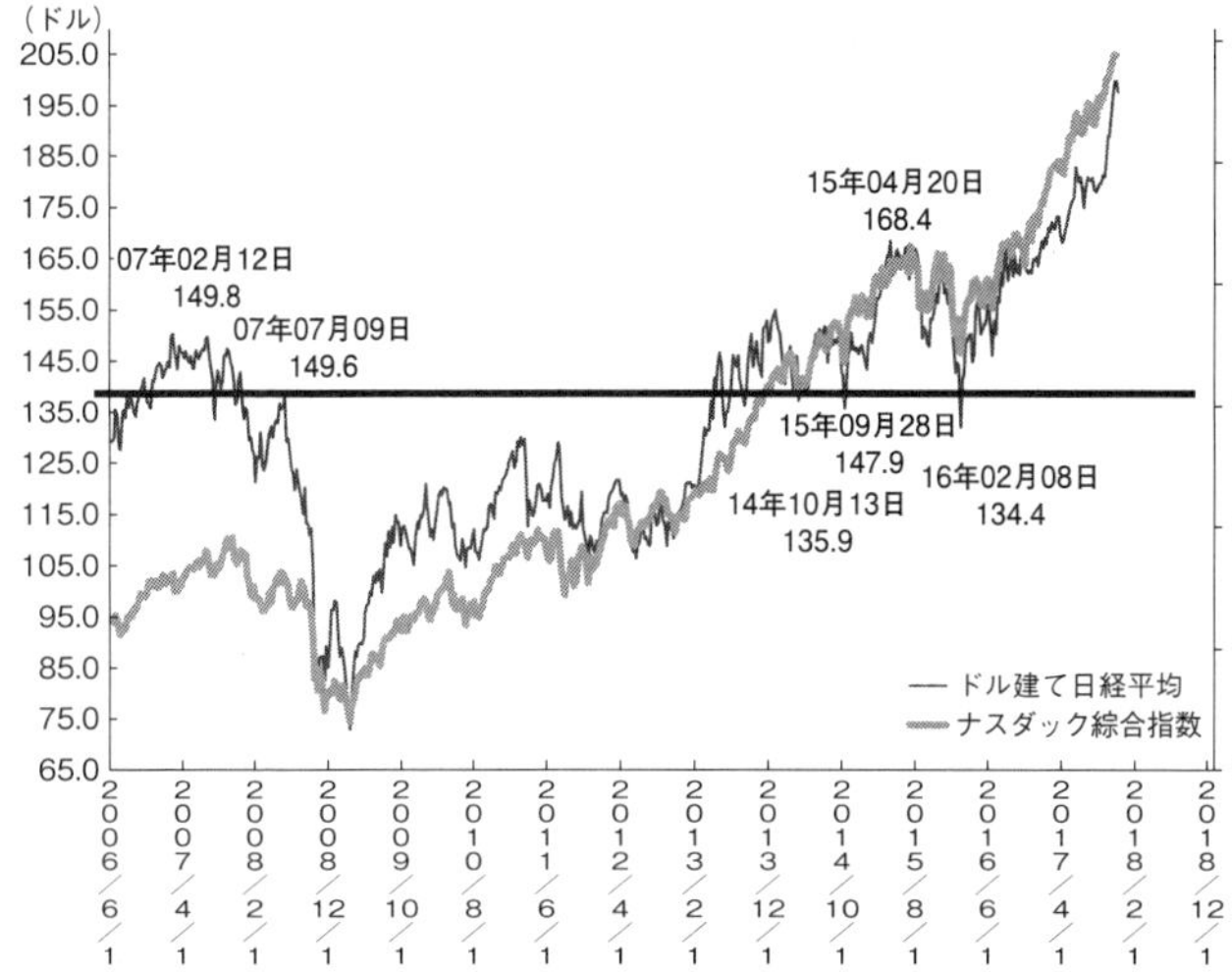


出所：T-Model

## 日経平均株価とドル建て日経平均

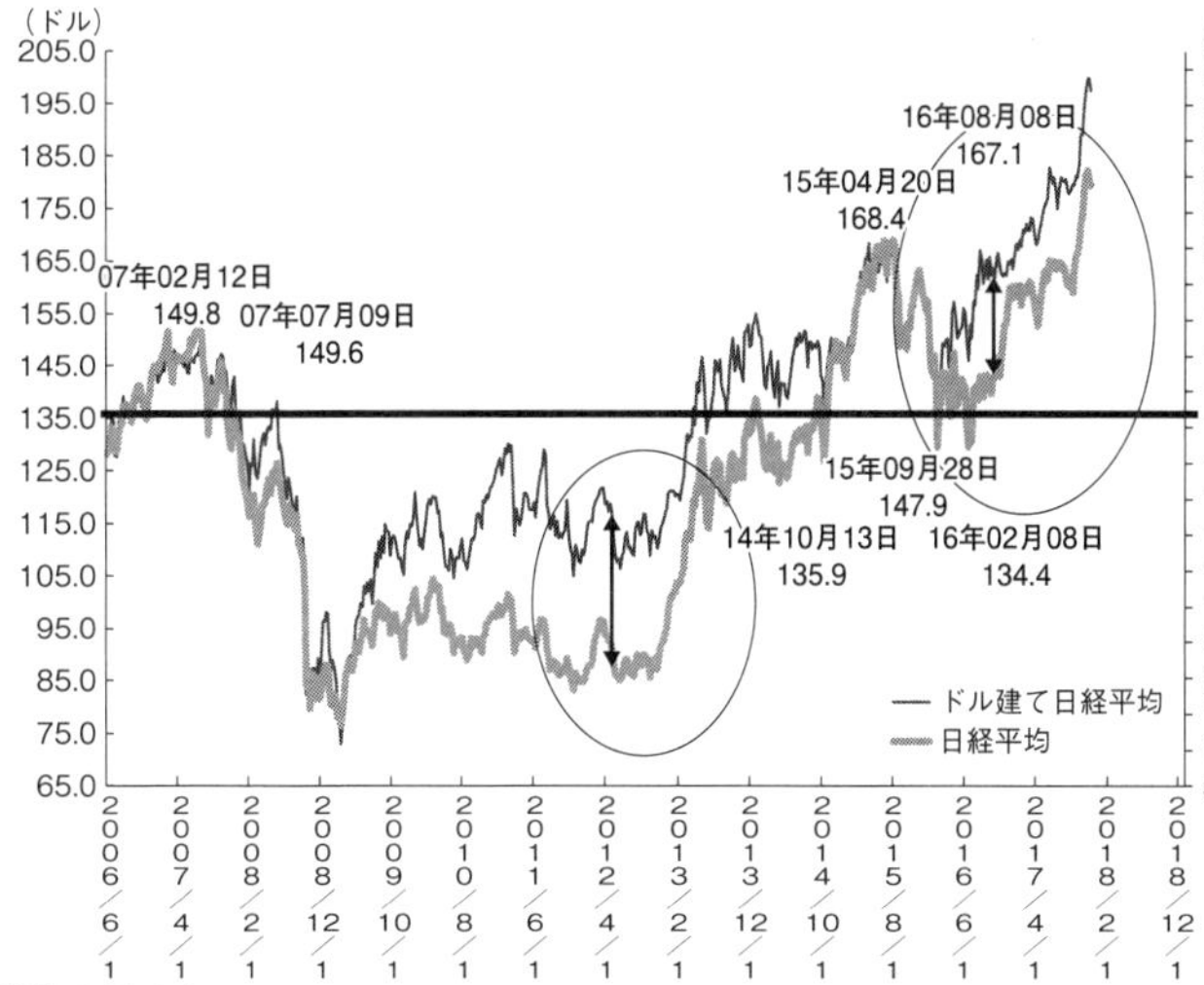


出所：T-Model

## 日経平均とナスダックの「キャッチアップ」の法則

日経平均はＮＹダウよりもナスダック総合指数に連動する動きを見せるのはなぜか。ここではそのカラクリを示してみたい。

いまでこそ日本においても「ドル建ての日経平均」という言葉が聞かれるようになってきたが、すべての外国人投資家はこれを見て動いているといっても過言ではない。

言うまでもなく、シカゴの日経平均先物を売買している投機筋のほとんどは外国人である。さらに日本の株式市場においても、先物の７割は外国人であることから、彼らは日経平均を自由にコントロールしている立場にある。

重要なのは、外国人は為替と株について、同じ方向のポジションを持とうとすることだ。だからこそ、彼らはわれわれが見る「円建ての日経平均」ではなく、「ドル建ての日経平均」で相場を見る。おわかりであろうか。

「ナスダック総合指数とドル建て日経平均」を見れば、ナスダックの動きを追いかけるように、追いすがるように日経平均が動いているのが一目瞭然にわかる。

なぜこうした動きになるのか？　当然ながら外国人投資家は自分たちのポートフォリオに沿

って株を買っている。そのなかでナスダックがぐんぐん上昇しているならば、ポートフォリオをアジャストするために日本株を買ってウエイトを上げなければならないからである。

ここに連動性のカギがある。ファンドとはそういう仕組みでできているわけで、相場はその繰り返しだと考えればよい。

逆に言うと、ナスダックが急落した場合、日本株だけが突出して比率が多くなる状況が発生する。そうなると外国勢は、今度は日本株を売って、上昇した日本株ポートフォリオの比率を下げにかかる。

だから、ナスダックが下がってくるとドル建て日経平均も一緒に下がってくる。そういうことが近い将来、早ければ２０１８年秋以降に起きるかもしれない。


一方、皆さんがいつも目にしている、ニュース番組の最後に必ず報じられる円建ての日経平均の動きはどうか。

「日経平均株価とドル建て日経平均」にあるように、時折乖離するような局面はあるとはいえ、計ったように最後には、円建て日経平均はドル建て日経平均にキャッチアップする形を繰り返している。

下落局面も同じ現象があらわれる。要は、ドル建て日経平均が落ちてくると、タイムラグはあるにせよ、いずれ円建て日経平均も追随する形で落ちてくる。そしてその相場はキャッチアップが完了するまで続く。

高値も安値も、ドル建て日経平均が先行して円建て日経平均がキャッチアップ完了するまで続くわけで、実にシンプルである。

日経平均とナスダック総合指数の関係に話を戻すと、2000年以降、「日経平均株価とナスダック総合指数」にあるとおり、これまたシンプルこの上ない動きを見せていることがわかる。

必ずナスダックが先行し、時折乖離局面はあるけれど、日経平均が追随してくる。そして上昇局面、下落局面に関係なく、日経平均が完全にキャッチアップをしないかぎりその相場は終わらない。

私が考案したこの日経平均とナスダック総合指数の「キャッチアップ」の法則を念頭に置くと、下落局面においてどこで買いに入ればよいか的確に判断することが可能となる。

これは講演でたびたび強調してきた話であるが、案外皆さんが忘れてしまっている重要なポイントなので、再確認のために紙幅を割いた次第である。

## 危険領域となる「Gold・Silverレシオ」80超え

本物の危機かそうでないかを見分ける方法を、私はかねて皆さんに提示してきた。その１つが「Gold-Silver（NY）レシオ）」である。

１９８６年からの経緯をみてみると、同レシオが80を超えてくると危機が起きることがわかる。２０１６年2月時点では82・3であったが15年夏から起きたチャイナ・ショックを表している。そして、２０１７年7月は76・9まで再度上昇し、危機的状況に近づいていることがわかる。

「Gold-Silverレシオ」が突出して上昇するとき、経済危機が発生するとともに、不思議なことにパンデミックが重なってくるので要注意だ。

とにかくわれわれは「Gold-Silverレシオ」が現時点で危険領域に入っても不思議ではないことを意識すべきだ。そして、80を超えてきたときにそれでも抑えられるかどうか、大丈夫なように見せかけている人たちがコントロールできるかどうか、それが見ものである。

そうは言っても、市場をコントロールしようとする勢力の分析など無理だと諦める必要はない。ごくシンプルな方法があるので、それを教示しよう。

## GOLD／SILVERレシオ

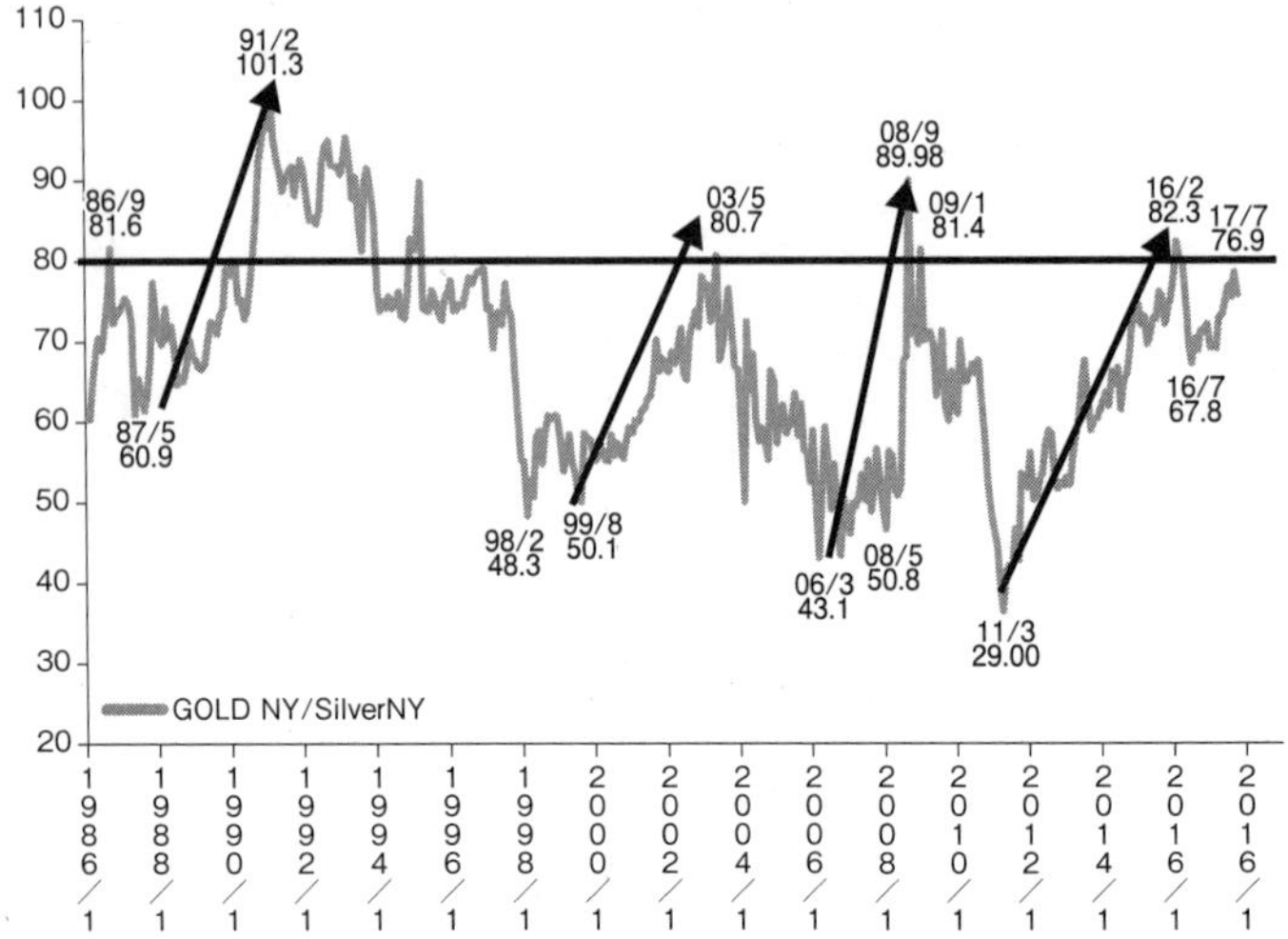


出所：T-Model

## 米アップル相対株価とNYダウ

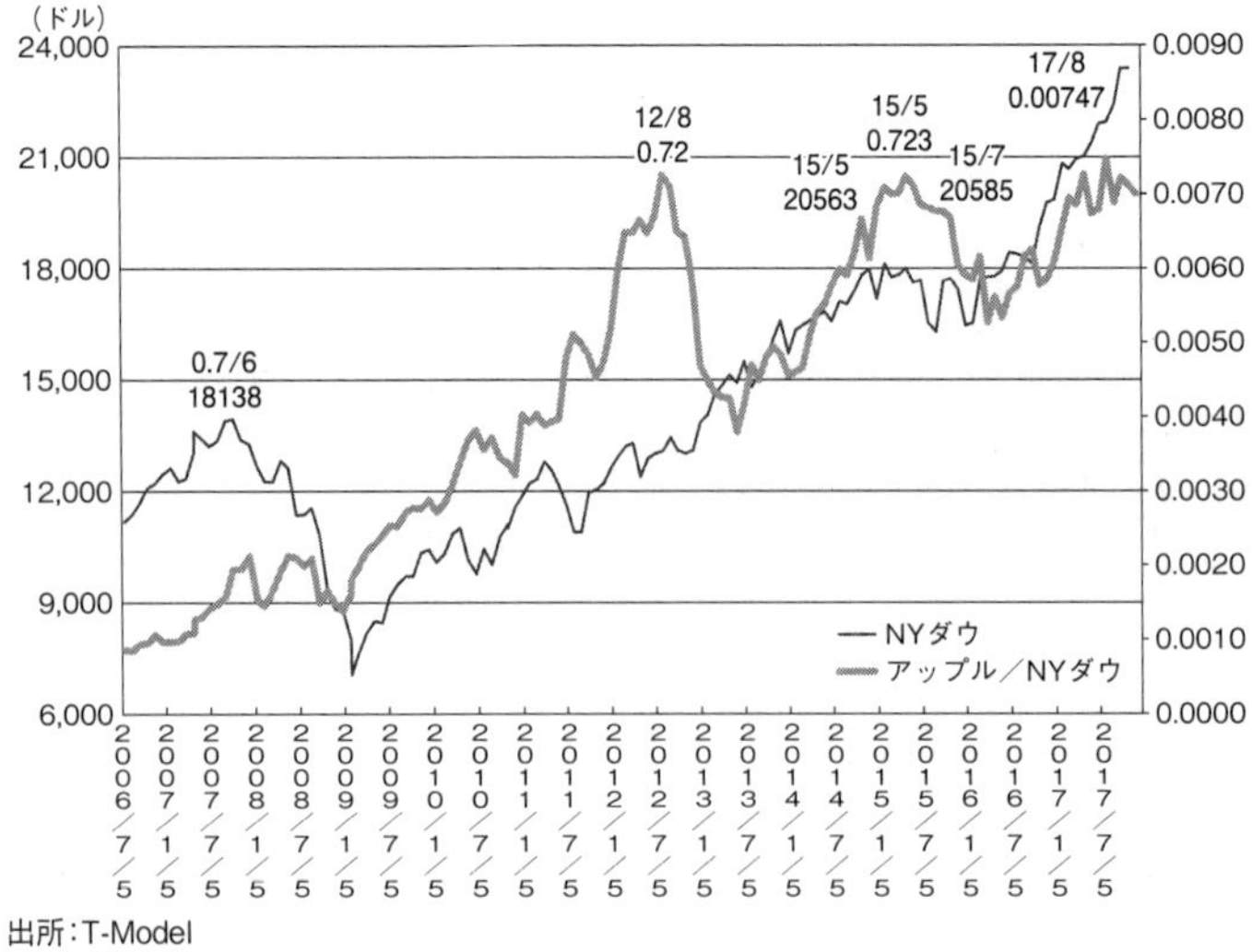


出所：T-Model

「米アップル相対株価とNYダウ」。NYダウの数値とアップルの株価を割り算すればいいのである。図表のとおり、だいたい0・72くらいのところで天井を打つ傾向にあることがわかる。世界最大の時価総額のアップル株が崩れれば、NYダウとの相対株価が下がる。それはイコールNYダウが下がることを意味する。

本当はこれだけでは十分ではないけれど、単純にNYダウが下がりそうかどうかをチェックするにはいい目安になるはずである。

## リーマン・ショックを上回る経済危機到来のシグナルは最悪期の「3点セット」

いまは世界株高局面の「延長戦」の中の最中にあり、「延命維持装置」を酷使して危機を先送りしているだけだから、リーマン・ショックを上回る経済危機にいつ見舞われても不思議ではない。

ただし、必ずその前にはあるシグナルが点灯するので、ここではその説明をする。

2008年9月に起きたリーマン・ショック時、先に記したドル・インデックスが急上昇していた。同年3月に70だったのが12月には87まで一気に24％もの上昇を見たのだ。要は重大な経済危機に直面した金融市場では強烈な「クレジットクランチ（信用収縮）」を引き起こすということである。その決済のためにドルキャッシュの需要が急激に高まり、ドル高となるわけだ。

とりわけ大きな経済危機に直面すると認識した場合、投資家は株式や金・原油などの国際商品をすべて売却してドルキャッシュの確保に雪崩打つ。これにより「株安・国際商品安・ドル高」の組み合わせという「〝恐怖〟の3点セット」の構図に発展する。

リーマン・ショック後、2009年3月あたりまで最悪期の「3点セット」の構図が続いた。当時の金の暴落も3点セットのなかの国際商品安の一部に過ぎない。

現在の状況はどうか？ 国際商品は低迷しているが、ドル高は昨年末にピークアウト、そして世界的な株高となっていたが、2月に入り記録的な株価暴落で変調をきたしている。このまま株安が続くと、2008年9月のリーマン・ショックのときの「恐怖の3点セット」が揃う可能性が出てくる。だから各国中央銀行は株安になるのをどうしても止めたい。世界的な危機に発展するのを回避するためだ。

これが日米欧の中央銀行が株を支えている大きな理由だが、2月に起きている株価暴落は地震でいえば〝予震〟。いったんは収まっても近い将来〝本震〟が起こることを意味している。そして、株高を支えられなくなる時期を迎えたとき、世界はリーマン・ショックを凌駕する経済危機に襲われるのである。

# 第8章

## ビットコインなのか金なのか

## 世界のビットコイン市場の主役になった日本

インターネット上で取引きする仮想通貨で断然の存在感を示しているのがビットコインであるのは論を俟たない。

ビットコインについての簡潔かつ秀逸な説明が日本経済新聞「きょうのことば」（2017年12月12日）に載っていたので紹介しよう。

・**出自について**……「2008年にサトシ・ナカモトと名乗るいまも正体が明らかになっていない人物がネット上で発表した論文から誕生したもの」

・**仕組みについて**……「世界の不特定多数のマイナー（採掘者）が複雑な暗号を解くことで取引きを記録・承認。その報酬としてビットコインが新たに発行される」

・**発行状況について**……「発行上限は2100万ビットコインと定められている。2017年8月以降にはビットコインキャッシュ」など本家から分裂した仕組みの異なる新通貨が相次いで誕生している。

・**市場について**……「1300種類以上あるとされる仮想通貨のなかで時価総額は約2800億ドル（32兆円）と最大で、全体の6割強を占めている。円やドルなどの法定通貨と違って

## ビットコイン（ドルベース）とNYダウ

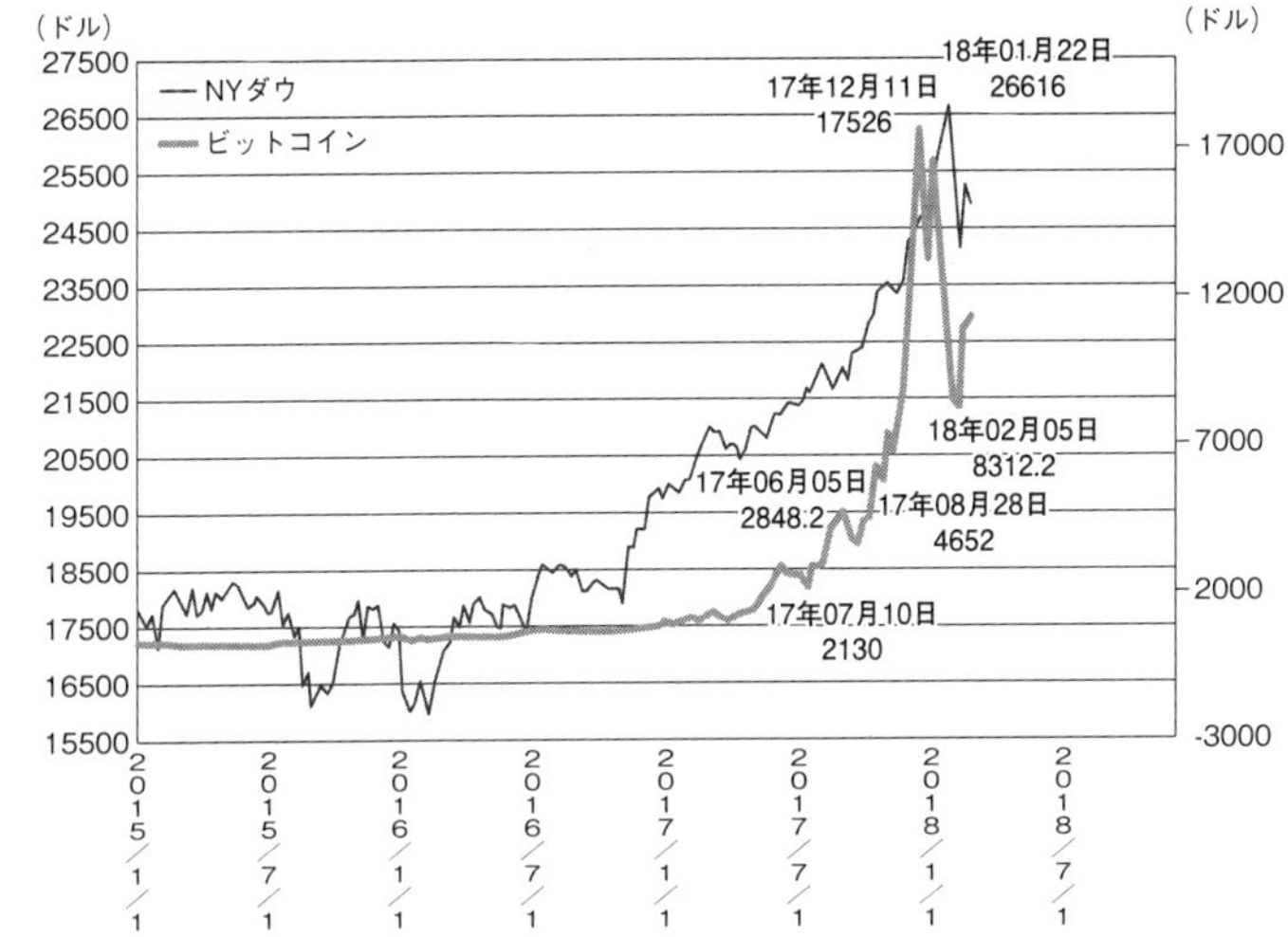


出所：T-Model

中央銀行に相当する管理者がいないのが特徴」

２０１６年に世界のビットコイン市場を牽引したのは間違いなく中国であった。図表「ビットコイン（ドルベース）とＮＹダウ」にあるように、２０１６年後半、トランプ大統領当選後の米国株上昇とビットコイン価格上昇は密接に関係している。要は、当時の株価上昇はいわゆるトランプラリーへの期待ではなく、膨大なチャイナマネーがビットコインを通じて米国市場の株価を押し上げたのだ。

２０１６年11月における世界のビットコイン取引額15兆円超のうち、中国のシェアは9割に達した。

だが、状況は一変した。中国当局は２０１７年初、国内のビットコイン主要取引所を立ち入り検査し、強制閉鎖に踏み切った。人民元安を助長する原因の1つが中国富裕層による海外への資金逃避であり、ビットコインがその手段として利用されていたからである。

加えて、一説によると、北朝鮮が中国からの送金にビットコインを用いていたことも、中国当局を動かしたという。

当局の取り締まりが厳格であったことは、ビットコインの通貨別取引シェアにも如実にあらわれている。２０１７年11月、同シェアをみると、人民元での取引はゼロとなっている。

その後、中国に代わってビットコイン市場を支えているのは、意外にも日本であった。日経新聞、ビットコインサイト等の調査によると、ビットコイン時価総額は年初の約17倍近く（２０１７年12月時点）まで高騰した。同年10月、11月の通貨別取引シェアで日本円は首位、約4割が日本円建てとなり、世界の取引の過半を占める日もあったという。

大手取引所のビットフライヤー（東京）の利用者数は爆発的に増え、１００万人を超えたとされる。

利用者が急拡大したのにはいくつかの要因が考えられる。

1つには、登場当初にはきわもの扱いされていたビットコインが決済手段として法的に認知されたことや、購入時の消費税が廃止されたといったことがある。けれども、現実には一攫千金を狙った個人投資家の投機熱の異様な高まりが最大の要因である。

こうして一躍マネーゲームの主役に躍り出た感の強いビットコインであるが、熱狂を呼ぶとともに大きなリスクも孕んでいる。

## 世界の常識になりつつある有事の際のビットコイン

２０１７年ビットコインの価格は年初に1ＢＴＣ　１０００ドル程度だったのが、年末には一時、2万ドル近辺まで値上がりした。

「ビットコイン（ドルベース）とＮＹ金」にあるとおり、両者は２０１３年から4年間ほど横ばいを続けてきたが、２０１７年になると途方もないスピードで価格差が拡大し始めた。

ビットコインも金も共に『無国籍通貨』だから比較してみたのだけれど、皆さんのなかには「金とビットコインは違う。金は実物があるではないか」と違和感を示す人がいるかもしれない。

だが、実質は同じだ。ギリシャにしても、あのギリシャ危機を契機に人々は金（ゴールド）からビットコインを貯め込んで、現在では個人の金融資産の約3割がビットコインに切り替えられている。「有事の際の金」ではなく、「有事の際のビットコイン」という認識を持つ人がどんどん増えているわけである。埋蔵量が限られる金に似た「デジタル・ゴールド」としての地

**ビットコイン（ドルベース）とNY金**

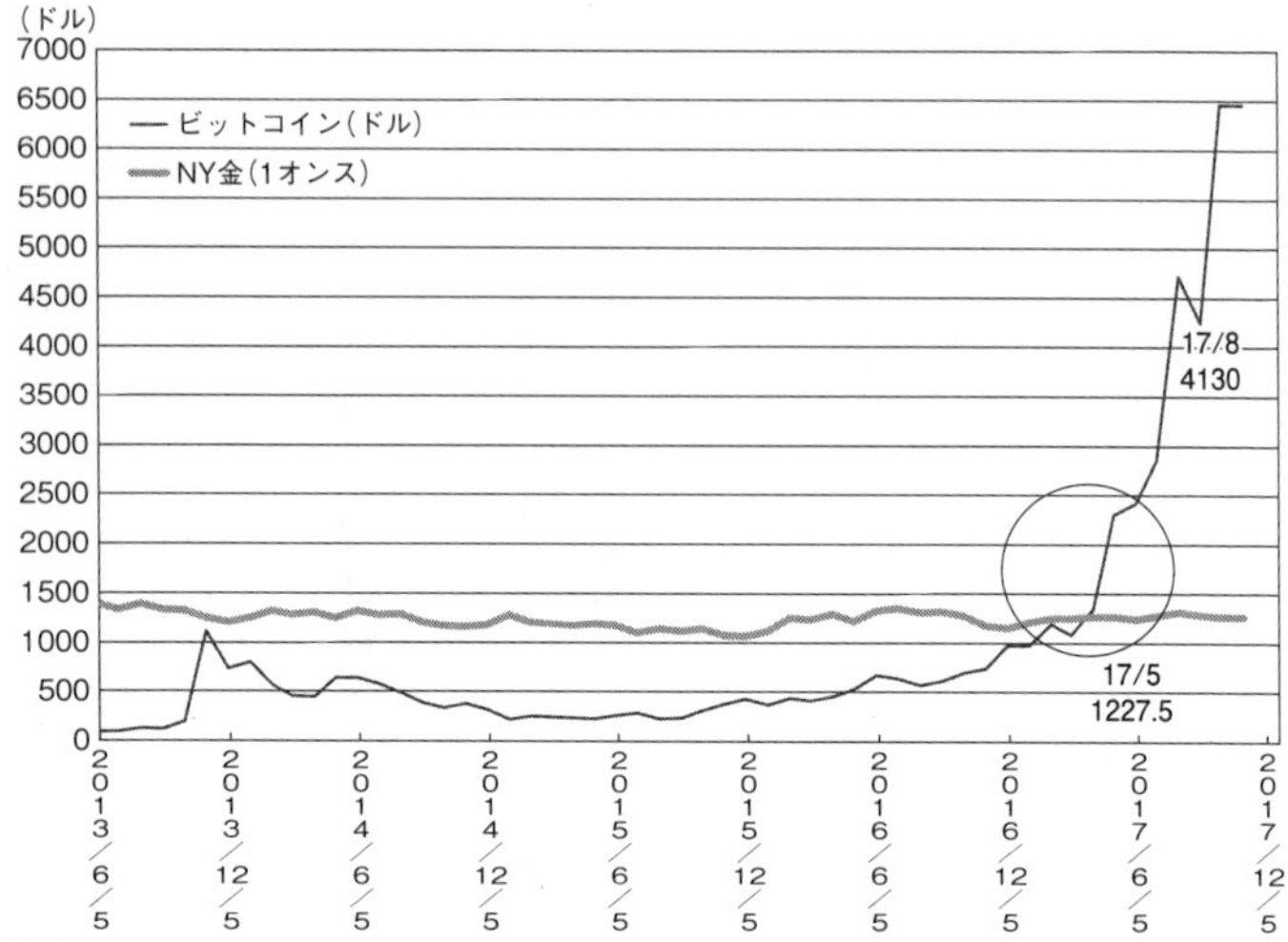


出所：T-Model

位が向上してきている。

２０１６年11月、突然、高額紙幣の流通が廃止となったインドにおいても、ビットコイン派が台頭してきた。インドでも「有事の際の金」にこだわっている人は少数派になりつつある。

なぜなら、ビットコインは重い金と違って持ち歩く必要がないし、世界中どこへでも移動が可能だし、銀行のように不当に高い送金チャージを払わなくて済む。

問題はただ１つ。便利このうえない機能がいつまで続くかどうかだけだ。そのときに自分が巻き込まれなければいいわけである。

したがって、おそらく今後は、ビットコインそのものが定着するかどうかは別にして、広い意味でのデジタル仮想通貨は定着する第二ステージに向かうのではないだろうか。

２０１７年末時点ではビットコインの圧勝だったけれども、年明け以降はピークから半値に暴落するなど乱高下が続いており、早々にバブルが弾けそうな状況。このバブルが弾けた後、ビットコインが通貨としての価値があるかどうかが問われる。

## ビットコイン価格を乱高下させた真犯人

２０１８年1月8日の日本経済新聞に掲載されていた『適温相場に潜む悪魔〜レバレッジに波乱の種』というコラムが非常に興味深い指摘をしていたので、少々長いけれどもご紹介しよう。

『株や債券の運用成績に基づき年金額が変わる変額年金。高度な投資プログラムを頼りに高い運用利回りを狙う商品投資顧問（ＣＴＡ）取引。各資産の金額でなく値動きの大きさに基づいて配分を決めるリスク均等ファンド。近年、存在感が増すこれらの投資家は、価格変動率の目標を定めて取引する。だが実際の株価や債券価格の変動率は小さくなる一方。以前と同じもうけをあげるには運用額を積み上げるほかない。折しも金利は低く、お金はだぶつく。他人から借りたお金をレバレッジ（てこ）にして投資を拡大する動きが増えているのは自然だろう。

年12％の価格変動率を目標に、全体の6割を世界の株式で、残り4割を世界の債券で運用する。そんなファンドを想定し、目標達成に必要な運用額をＩＭＦが試算した。純資産に対して何倍の投資が必要か。16年1月は1倍ちょっとで済んだのに、17年7月の運用額は2倍を超え、純資産に匹敵する金額を外部から借り入れる勘定となった。実際の価格変動率はといえば、株式は16年1月の12％から17年7月には7％と大幅に低下した。債券も4％前後と低位で安定。目標に達するには、負債でレバレッジを利かせることで純資産より大きい金額を動かすほかないのだ。市場の買い手が増える分、短期的には相場は安定し、価格変動率は抑えられる。すると投資家は目標の収益を確保するため、ますます外部負債を元手に投資を膨らませる。こんな循環がグローバルな適温相場の底流に見てとれる。

（途中省略）

株式投資家は水鳥の羽音に驚く平家のように振る舞い、相場変動を増幅させた。価格変動率を目標にした投資はいったん縮んだが、市場が波静かになるとともに再び息を吹き返し、拡大の一途をたどる。足元では5000億ドル以上の米国株が価格変動率を目安に運用されているという。株式ばかりではない。多くの先進国で国債の利回りがゼロないしマイナスになったことで、機関投資家は低格付けの高利回り債へと駆け込んだ。高利回り債に占める投資信託の保有比率は、米国では30％、欧州でも20％にのぼる。仮に長期金利がいきなり1％上昇したとしよう。IMFの試算によると、その際の債券投資の損失額は、米国で2900億ドル、ユーロ圏で3200億ドル、英国で1100億ドルにのぼる。米国の場合、債券保有額の7%の損失が生じる勘定となる。

当然、高利回りで運用する投信からは資金流出も起きるだろう。08年のリーマン・ショック以降の経験では、債券相場の下落率が累積して5%を超えると、大量の資金流出の引き金となる。実際、11年8～9月、15年6～9月、15年11月～16年1月に、そうした資金流出が起きた。FRBの金融政策のカジ取りがきつめになるとの疑心暗鬼が、投資家をたびたび走らせた。宴《うたげ》の裏にレバレッジという打ち出の小づちを振るう悪魔が潜む。金融緩和の出口に差しかかった世界の金融当局者は気が気ではない』

同コラムは「価格変動率＝ボラティリティ」が低いために運用額を積み上げ、それによって買い手が増えた分、また「価格変動率」を引き下げるメカニズムを端的に表している。足元で5000億ドル（50兆円）以上の米国株が価格変動率を目安に運用されているというのは驚きを禁じ得ない。だがそれは、逆に「価格変動率」がひとたび上昇すると積み上げた運用額が急速に減少し、「価格変動率」が増大することを意味している。

低格付けの高利回り債へと駆け込んだ投資家も、昨年1年間で20倍に上昇した「仮想通貨・

## ビットコインとT2ボラティリティ指数(週足)

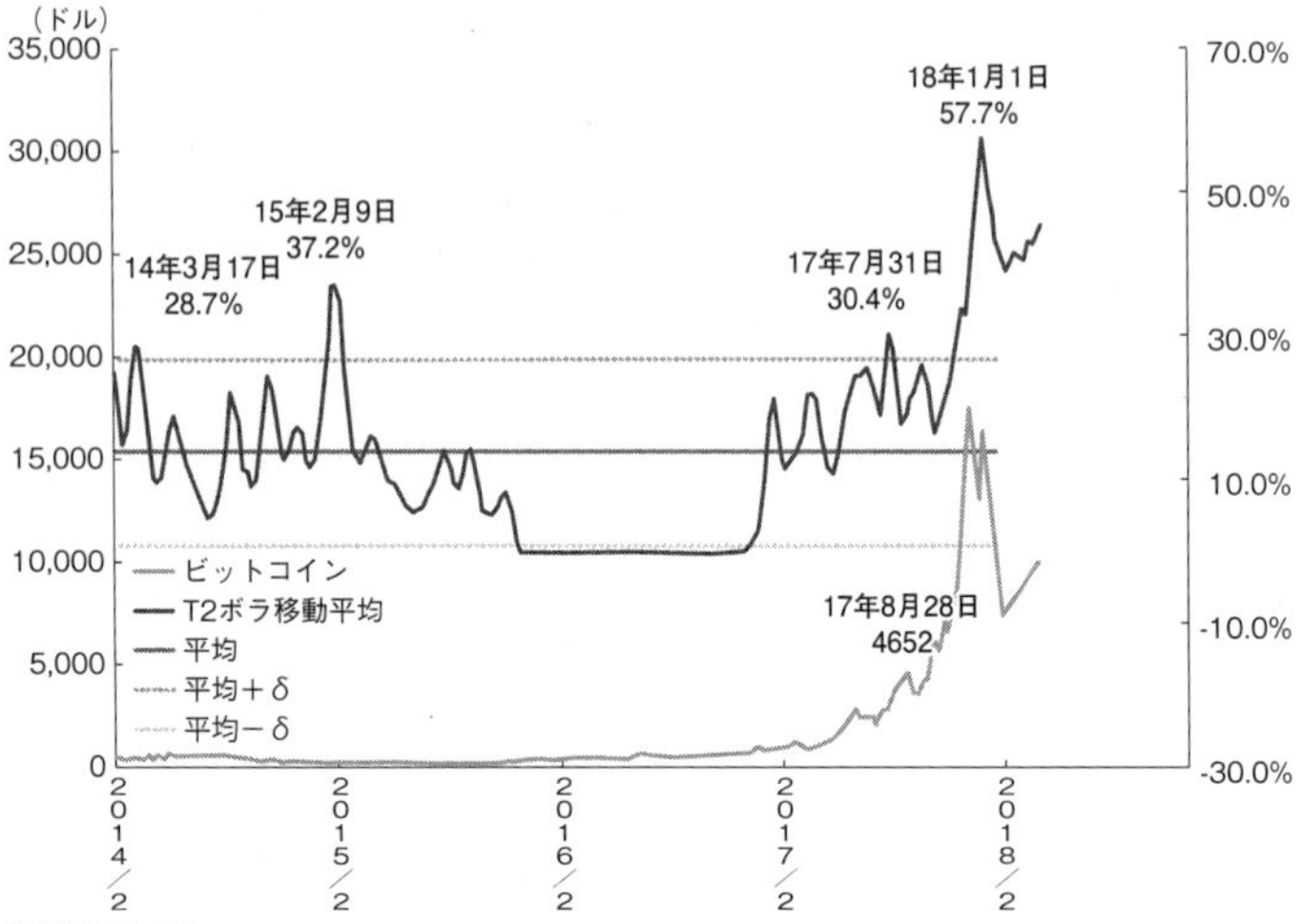


出所：T-Model

ビットコイン」に多くの投資家が群がったことも、大手の投資家のように運用額を積み上げられない投資家が数少ない「価格変動率」が大きい投資先を求めて逃避したのだろう。

逆の見方をすれば、「低格付けの高利回り債」や「仮想通貨・ビットコイン」が変調をきたすとき、株式市場や債券市場のような主要マーケットの「価格変動率」が上昇する近未来のシグナルと言えるのかもしれない。

「ビットコインとT2ボラティリティ指数（週足）」の図表をみていただきたい。現在、昨年1年で価格が20倍となった「仮想通貨・ビットコイン」はピークからいったん半値まで下落し、「価格変動率」も2018年第1週57％（週足ベース）をピークに40％台まで低下した。まだ、完全に鎮静化したとは言えないレベルだが、さらなる「価格変動率」の低下が起きれば、さらなる価格下落へとつながる可能性を示唆しており、今後は「価格変動率」を注視しなければならない。

市場関係者の多くは市場規模が比べものにならないから、「仮想通貨・ビットコイン」がどうなろうと株式市場や債券市場への影響はないという意見だが、前述のように主要マーケットの「価格変動率」上昇が近未来のシグナルであることを忘れてはならない。リーマン・ショックに発展したサブプライムローンも、全体からみたら何ら影響のない規模のレベルであると当時の専門家が語っていたからである。このように指摘していた後に起きたのが2月5日のNYダウの1日で過去最大の1175ドル安だった。

## いまならビットコイン・バブルが崩壊しても大丈夫？

昨年12月10日、CBOE（シカゴ・オプション取引所）において「ビットコイン先物」が上場された。これは何を物語っているのかというと、米国政府がビットコインの存在を公に承認したということにほかならない。

もはやビットコインはインチキかどうかを議論するフェイズから抜け出し、金と同様の扱いを受け始めたわけである。

かねて私は金もビットコインも「無国籍通貨」という意味では同種であると主張してきた。そんなビットコインの先物が上場したことにより、投資家にとっては金同様、これまでとは格段に流動性が高まるため、非常に使い勝手が良くなった。買いたいときに買え、失敗したと思えばすぐに売れるようになった。

そして、さらなる動きがあった。アメリカ中部時間の昨年12月17日（日本時間18日）、CME（シカゴ・マーカンタイル取引所）にも上場を果たし、ビットコイン先物の取引をスタートした。知ってのとおり、CMEは世界最大の商品先物取引所及び金融先物取引所で、圧倒的な存在感を備えている。

ビットコインの価格が急上昇を見せるなか、世界の中央銀行は警鐘を鳴らした。昨年の12月13日、FRB議長として最後の会見に臨んだジャネット・イエレンはビットコインについてこう語った。

「ビットコインの決済システムでの役割は非常に小さく、安定した価値の保存手段でも法的な通貨でもない非常に投機的な資産だ」

非常に懐疑的な物言いをし、さらに付け加えた。

「ビットコインの価格が下落したら大損する人が出るかもしれないが、金融安定を損なうような本格的なリスクを生み出すとは見ていない」

要は、もしビットコイン価格が暴落しても、投資した人は大損するけれども、その影響が金融界全般におよぶことはないと断言したのだ。

現時点においては彼女の発言は正しいと、私は考えている。

なぜなら、現時点のビットコイン市場は個人投資家のためのもので、運用を専門にしている投資信託や銀行やヘッジファンドなどの機関投資家は遠巻きに眺めて、本格参入していないからだ。

仮に機関投資家の資金がビットコイン市場に雪崩れ込んできて、ビットコインバブルが崩壊して価格が暴落、損失を出した場合にどうなるか。当然ながら、機関投資家は儲けを出しているものを売却して、損失を穴埋めしなくてはいけない。ここで金融界は影響を受け、揺れ動き始める。

これまではビットコイン投資は個人投資家レベルでおさまっていたので、暴落したところでたかが知れていた。ところが、今回、２ヵ所でビットコイン先物が上場された。今後は金のようにビットコインのＥＴＦが登場してくる可能性もある。

そうなると機関投資家の〝お出まし〟は回避できないと思われる。

## ビットコイン先物上場がもたらす悲劇

ここではもう少し踏み込んで、「ビットコイン先物上場」について考察してみよう。たとえば日経平均の先物取引などを手掛けた人ならピンとくるだろうが、先物が上場したことにより、ビットコイン相場で「売り」から入ることが可能になったわけである。

よく私は外国投資家の「裁定買い残」の増減について目配りしたほうがいいと言ってきた。彼らが裁定買い残を減らしているときはすなわち、日本株に売りを仕掛けていることを意味するからだ。この先ビットコイン先物市場が厚みを増してくると、そういう操作も可能になってくるはずだ。

年明け以降、ビットコインが半値に下落したのも先物上場で「売り」ができる投資家の存在は大きい。

ただしそういう意味では、これまでビットコインを買えなかった人にもまだ買うチャンスがあるわけである。

先に私は、ビットコインは金と同じ「無国籍通貨」で、このところビットコインが従来の金需要を奪ってしまっていると述べた。「デジタル・エールド」の地位が拡がり始めたからである。

ところが、昨年12月11日、ゴールドマン・サックスはそれを否定するコメントを出しているので紹介しよう。

「分散投資とヘッジの手段として長い歴史のなかで証明されている金に、ビットコインが取って代わり得ると投資家が確信するとは思えない」

実に回りくどい言いかたをしており、こう続けた。

「ビットコインは金に比べてボラティリティが高く、流動性が低い。ビットコインの時価総額が２７５０億ドルに対して、金は８兆３０００億ドル……」

ビットコインなんぞは金の足元にも及ばないという認識である。ゴールドマン・サックスが示した数字には疑義を呈したいが、それではギリシャやインドで起きている現実、金に見向きもせずに、人々の需要がビットコインに雪崩打った理由を説明できないのではないか。

私自身はこれから経済危機に見舞われる国の人たちはかなりの比率で、金ではなくビットコインに逃げ場を求めるのだろうと見ている。

だが、近い将来、ビットコインには悲劇が待ち受けている。

ヘッジファンドを運営するCitadel（シタデル）の幹部が現在のビットコイン・バブルを、「まるで４世紀前にオランダで起きたチューリップ・バブルのようだ」と語っていた。

これは世界で起きた最初のバブルとその崩壊と言われているもので、チューリップの球根の先物取引価格の急騰と暴落のことだ。

あんな球根でさえバブルを起こすのだから、姿形のないビットコインも同じようなものなのかもしれない。人間は忘れる動物なので、何度も同じ過ちを繰り返すものである。

Citadelの幹部はこうも語っている。

「こうしたバブルは、最後は涙で終わる傾向があり、今回のビットコイン・バブルがどういう終わり方をするのかを心配している」

おそらく彼は私と同じような「ビットコイン・バブル」の行く末を思い描いているのであろう。つまり、機関投資家がビットコイン先物市場に本格参入、さらにビットコインETFの登場により市場規模は膨張するだけ膨張した挙げ句、直下型地震を食らうというストーリーである。

そうした悲劇に向けての第一歩が昨年12月のビットコイン先物上場であった。数年後、私はそう書いているはずだ。

## それでも仮想通貨の時代はやってくる

ここまで無国籍通貨・ビットコインの毀誉褒貶《きよほうへん》ぶりを記してきたが、私は決して悲観論者ではない。

たしかに中国、韓国ではＩＣＯ（Initid Coin Offering）を禁止したし、先進国の金融当局の見方も定まっていないが、私自身は、ビットコインを含めて仮想通貨の時代はいずれ訪れると考えている。昨年の初め頃、国内の経済アナリストのなかでビットコイン肯定派は私くらいなもので、ほとんどが否定的な考えに染まっていた。

私が無国籍通貨・ビットコインの将来に肯定的な理由の１つに、ビットコインの誕生にはＦＲＢが関わっているのではないかと推測していることがある。２０１３年に議会に招致されたバーナンキＦＲＢ議長（当時）は仮想通貨の有効性について、「確実で迅速な決済手段になれば、長期的に見て利点がある」とかなりポジティブな発言を行い、以降もその方向性を堅持してきた。当然ながら、バーナンキはその一方で、ビットコイン取引におけるリスクを指摘した。

当時から私は、「ＦＲＢは仮想通貨を完全に容認する姿勢だ。おそらくＦＲＢとビットコインはつながっているのだろう」と認識していたので、早い時期から著書や講演などで、ビットコインや仮想通貨は消滅することなく、紆余曲折を経ながらも次第に利用が進むと示してきた。

前述したとおり、ビットコインは昨年、変動率でも異常な高騰を見せた。だが、今年は変動率目当てで参入してきた連中が引き揚げていくことで沈静化が図られていると考えるべきであろう。高騰の要因については、すでに「ビットコイン価格を乱高下させた真犯人」の項で示した。

仮想通貨はこれから間違いなく紆余曲折を経験しながら、ふるいにかけられ、鍛えられる。よく講演後に、「どの仮想通貨が残るのですか?」との質問をいただく。私は一般論かもしれないとはいえ、「時価総額の大きいところ」と答えている。

現時点で言うと、ビットコイン、イーサリアム、リップル、ビットコインキャッシュあたりか。なぜなら、仮想通貨にしても通貨として使えなければ、あるいは使い勝手が悪ければ生き残れないからだ。

同時に仮想通貨の取引業者もふるいにかけられる。

去る1月26日、仮想通貨取引所「コインチェック」が不祥事を起こした。利用者から預かっていた約580億円相当の仮想通貨NEMが、外部からの不正アクセスにより外部に送金されてしまったのだ。これは過去最大の仮想通貨の流出。

その時点で金融当局に登録されている仮想通貨交換業者は16社で、コインチェックは預かり資産では国内取引所ではビットフライヤーと双璧と言われていた。ところが同社は関東財務局に登録申請中という「みなし業者」であったことから、波紋が広がっている。

## 金への投資は投資家の考えかた次第である

皆さんが勘違いしているのは、金価格が上昇するか下落するか、そればかりに関心を持って追いかけていることだ。

金は常に物価次第、物価に添い寝しているコモディティである。だから、仮に経済危機に見舞われてハイパーインフレになってしまえば、当然ながらその分だけ金価格は上昇する。

振り返ってみれば、私は皆さんに対して２０００年から２０１１年まで金をずっと薦めていた。

その理由については、「ＧＯＬＤ（ＮＹ）と対米ＣＰＩ指標」の図表を一目見れば納得できるはずだ。

ＧＯＬＤ（ＮＹ）を米ＣＰＩで割ったもの、つまり「ＧＯＬＤ／米ＣＰＩ」が実際の金価格、実質部分となる。言葉を換えれば、金は米ＣＰＩ次第なのである。

## GOLD(NY)と対米CPI指標

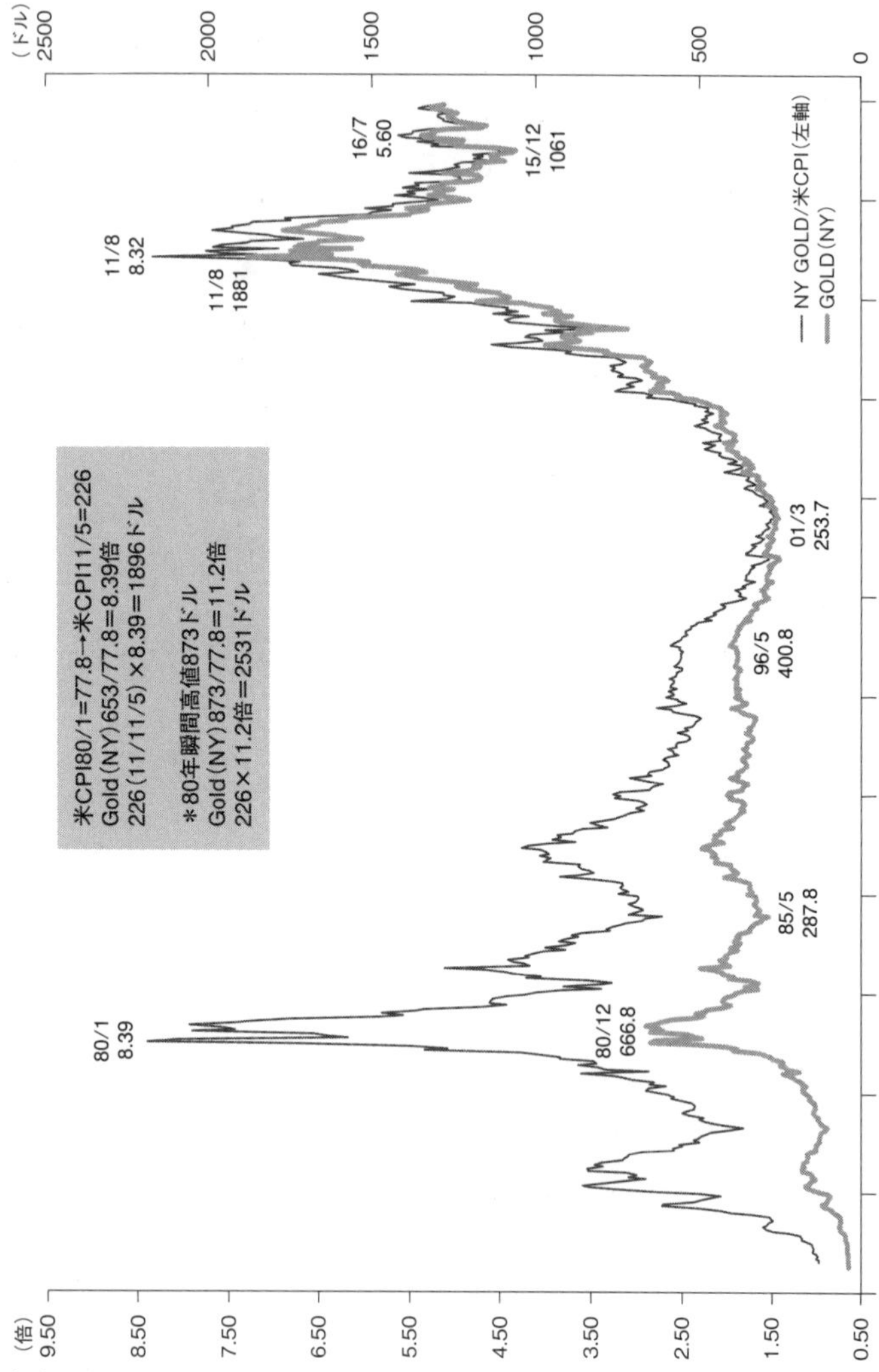


出所:T-Model

それがピークをつけたのは1980年の8・39と2011年の8・32で、金とは典型的な「30年サイクル」で動くコモディティといえる。ピークアウトした後はなだらかに下がっていき、物価上昇の波ぐらいでしか金の価格は上がりにくい。次のピークはおそらく2040年あたりと思われる。

ただ本書で伝えてきたように、これからの時代は株も土地も下がる傾向にある。そんな時代に価値が上がらなくても下がらないものを選ぶ。そんな考えかたがあってもいいのではないか。他は何を持っていても価値が下がってしまうなか、きっちりと価値を維持してくれるものを選ぶならば、その時は金はうってつけのコモディティだと思う。

しかし、慌てて金を買う必要はさらさらないと現時点では宣言しておこう。

図表「NY金（月足）とT2」によると、2018年は1450ドルを超えた程度が年足高値、下値は1200ドルを超えた程度、そのような狭いレンジで推移すると私は見ているからである。

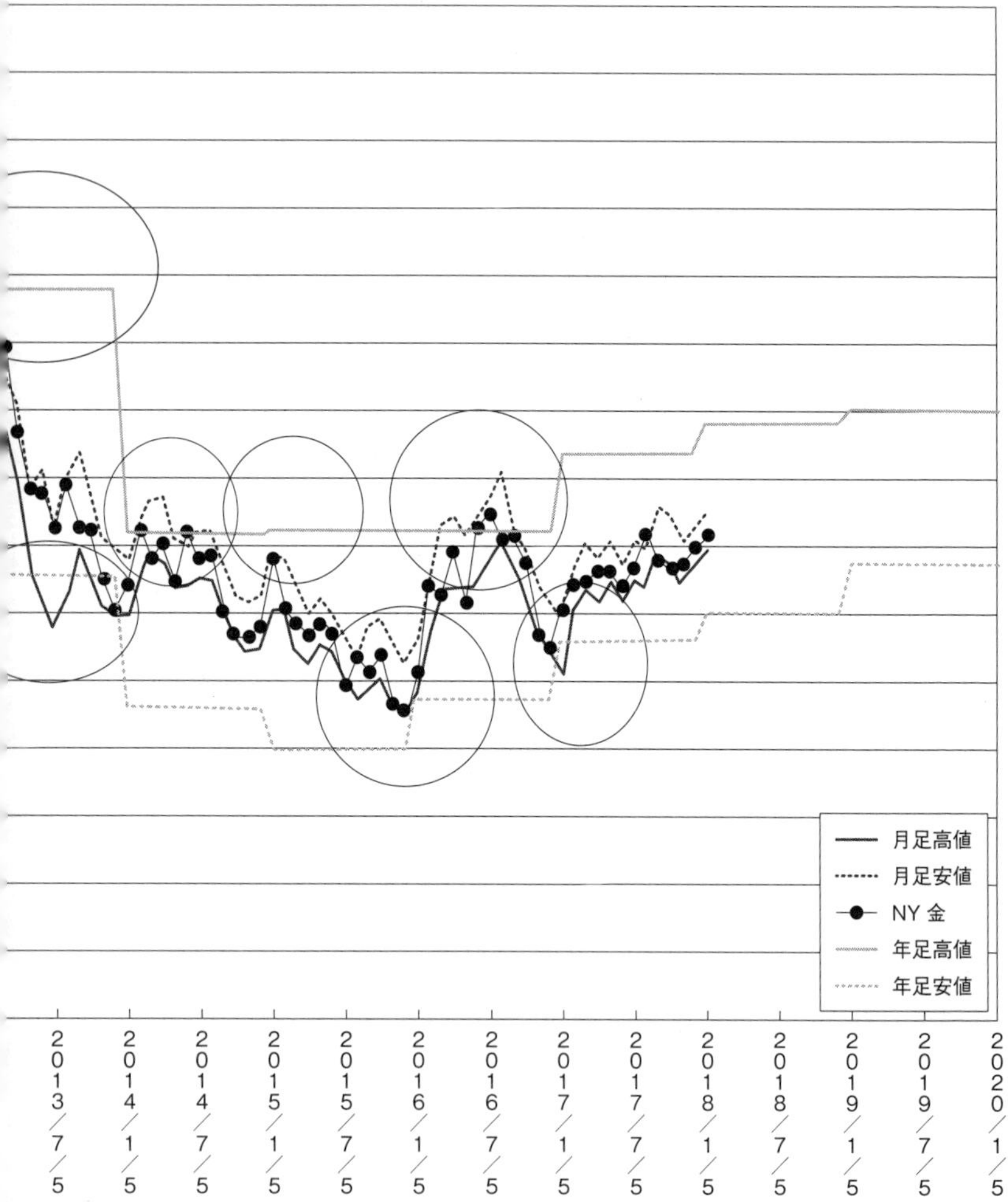
月足高値
月足安値
NY金
年足高値
年足安値
2013/7/5
2014/1/5
2014/7/5
2015/1/5
2015/7/5
2016/1/5
2016/7/5
2017/1/5
2017/7/5
2018/1/5
2018/7/5
2019/1/5
2019/7/5
2020/1/5

## NY金(月足)とT2

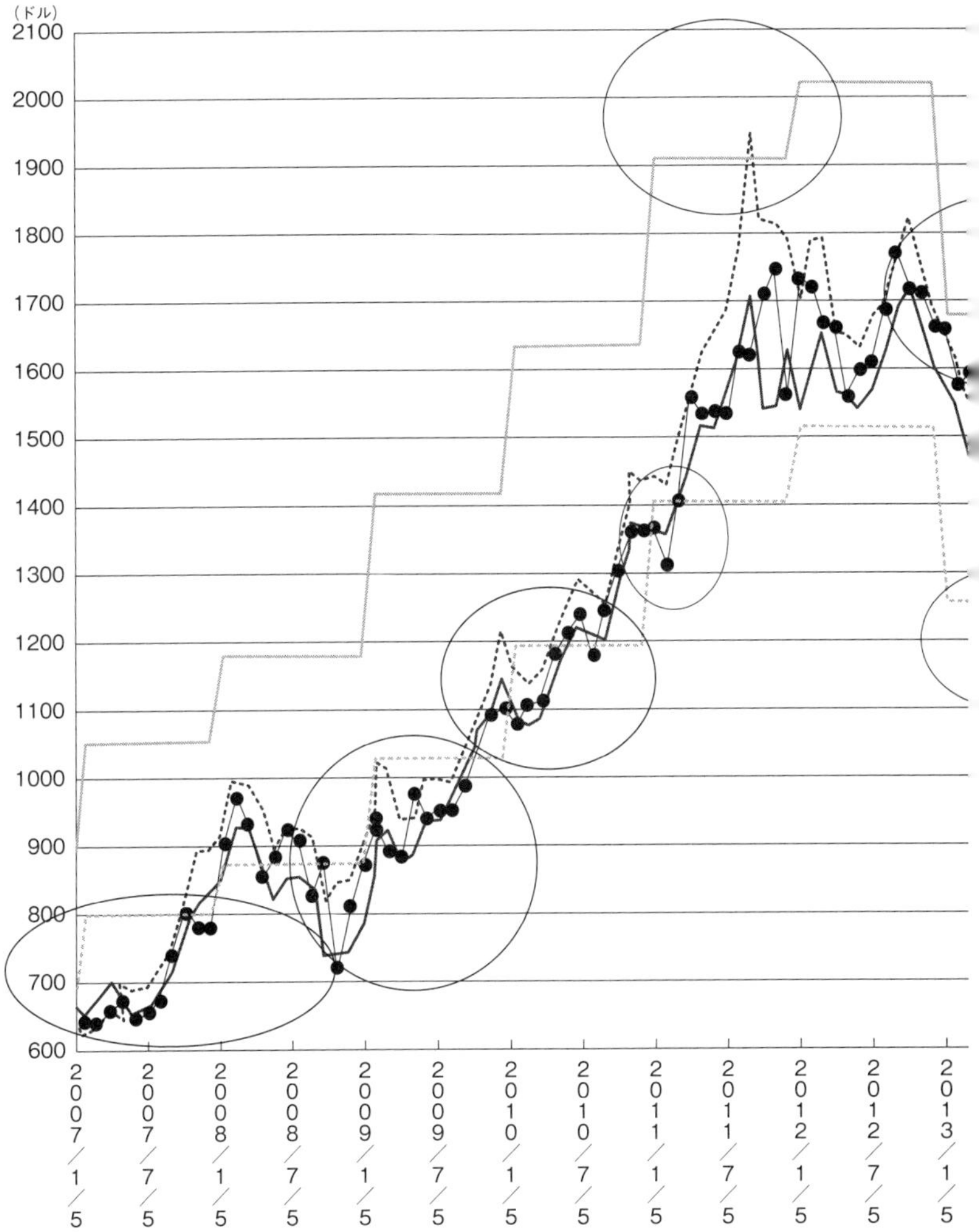
(ドル)
2100
2000
1900
1800
1700
1600
1500
1400
1300
1200
1100
1000
900
800
700
600
2007/1/5
2007/7/5
2008/1/5
2008/7/5
2009/1/5
2009/7/5
2010/1/5
2010/7/5
2011/1/5
2011/7/5
2012/1/5
2012/7/5
2013/1/5

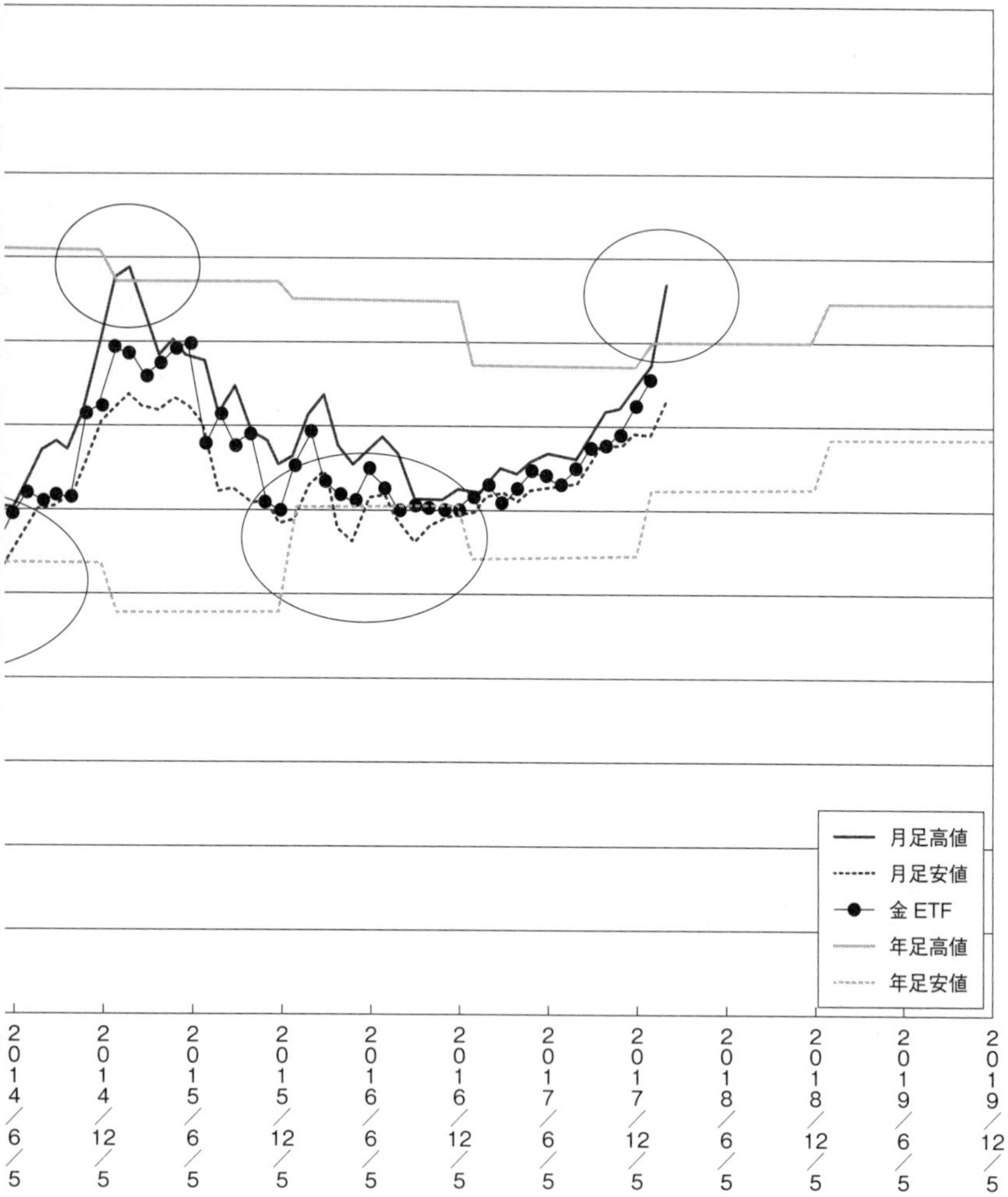
月足高値
月足安値
金 ETF
年足高値
年足安値
2014/6/5
2014/12/5
2015/6/5
2015/12/5
2016/6/5
2016/12/5
2017/6/5
2017/12/5
2018/6/5
2018/12/5
2019/6/5
2019/12/5

## 金ETF(月足)とT2

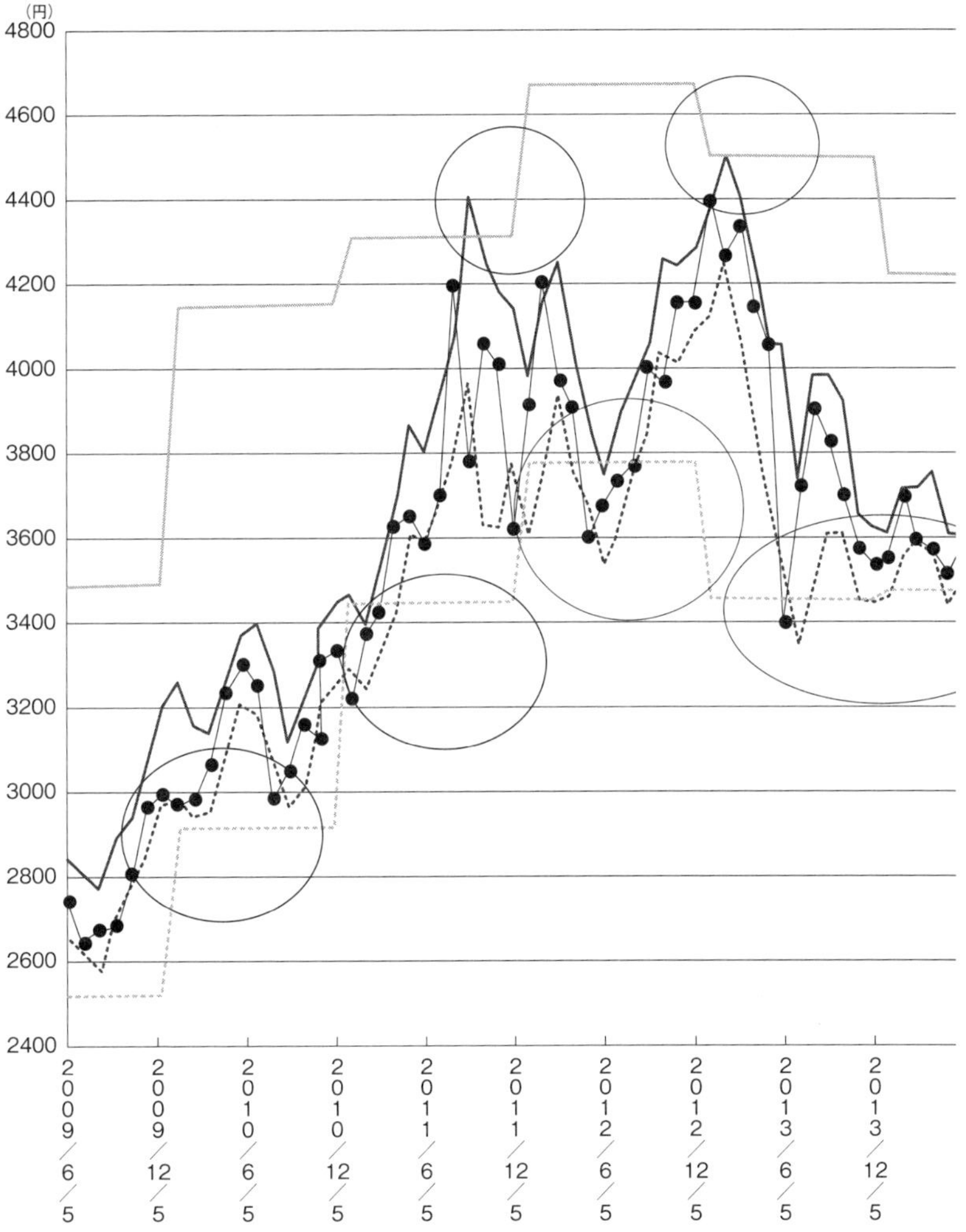
(円)
4800
4600
4400
4200
4000
3800
3600
3400
3200
3000
2800
2600
2400
2009/6/5
2009/12/5
2010/6/5
2010/12/5
2011/6/5
2011/12/5
2012/6/5
2012/12/5
2013/6/5
2013/12/5

# おわりに

## ウサギと亀の競走がまた始まった！

最近、バライティ番組では昨年20倍の上昇で大きく儲けた「ビットコイン長者」を特集したり、また、お金をあまり持っていない売れない芸人たちの間でもビットコインの話題がもちきりらしい。このような時に覚えておかなければいけないことは１９２９年大恐慌時の「靴磨きの少年」の有名な話である。

ある時、のちの第35代アメリカ合衆国大統領ジョン・F・ケネディの父親であるジョセフ・ケネディは路上で少年に靴を磨いてもらった。その最中、靴磨きの少年から「おじさん、今〇〇の銘柄を買ったら絶対儲かる。これはココだけのナイショの話だから」と声を掛けられ、「靴磨きの少年までもが株式相場が絶対上がると思っている。これは正常ではない」と買い増し続けていたポジションをすべて手仕舞いし、無傷で大恐慌時の大暴落を乗り切った、というもの。

情報に疎い人々にまで波及した「ビットコインは儲かる？」という情報はまさに「靴磨きの少

年」の話と同じ。長期的な仮想通過の可能性はまだまだ始まったばかりで近い将来、第2ステージが待っているのかもしれないが、昨年末の2万ドルから今年に入って6000ドルと短期間に3分の1の水準まで暴落したビットコインはバブル崩壊の様相。多くの被害者が表面化してくるまではバブル崩壊が続くのが通常である。ビットコインを含む仮想通貨はいったん離れておいたほうが良い時期を迎えているのだろう。

そもそもこうした問題が起きるのもデフレ加速でお金の価値が強まり、「拝金主義」が極まったためだろう。お金がお金を生んで金融経済が実態経済の何10倍にも膨らんだ現在、長い時間をかけて実力を蓄え、実績を築くことで利益を得ようとする堅実な人々は必然的に「負け組」となる。逆に地道な努力などもせずに、パフォーマンスやアピールで要領よくお金にアクセスする人々が「勝ち組」になる世の中である。巷の本屋さんには「お金はこうして増やせ」、「今日からすぐ儲かる……」、「大金持ちになる……原則」など楽をして金を儲ける「金持ちＨｏｗ Ｔｏ本」が溢れているのもそのような人々が増えたからに他ならない。

「勝ち組、負け組」なる言葉が流行語大賞にノミネートされたのは２００6年。その時期からこうした傾向はより強まったと記憶しているが、長い歴史を振り返るとこのような「本末転倒」の拝金主義の時代がそういつまでも続く訳がない。近い将来、これまでのお金を基準にした「勝ち組、負け組」の薄っぺらな序列は崩れ去り、その後には品格・誠実・勇気・謙虚さや愛情などの「徳」のような見えない基準での序列による「格（核）の差」の時代が始まる。そして「勝ち組」は物事の価値を深く捉える「価値組」へと変化する時代を迎えるのである。その転換点となるのが、リーマン・ショックを凌駕する金融危機の到来なのだ。

近年、アナログレコードが若者の間で人気を集めているのも「価値組」への変化の兆しの1つ。ネットの音楽配信サービスで聴いた曲の中からお気に入りをレコードで購入したり、おしゃれなジャケットを自宅に飾ったりして楽しんでいる。レコードを取り出して針を落とす手間やアナログ特有の温かい音などが新鮮に感じられている面もあるが、新譜が増えていることも若者の選択肢を広げ、2016年のレコードの国内生産量は10年比約8倍の79万枚になった。ストリーミング（逐次再生）や定額音楽配信サービスで音楽を聴くことが当たり前の1990年代以降に生まれた「デジタルネイティブ世代」にはレコードの存在そのものが新鮮に映る。手軽に聴けるデジタル楽曲に対する反動であり、「好きな曲はモノとしても持っておきたい」という長期的欲求が生まれてきているのかもしれない。

デジタルとは0と1、つまり「直線的価値基準」である。この価値基準のなかには、安いか高いか、速いか遅いか、多いか少ないかなどの二者択一だけで、「アンティークで今にないデザインが私好み」「若干のずれが人間的で癒やされる」などのユーザーの細かな嗜好は無視される。つまり、大衆の最大公約数を序列化しているに過ぎず、温泉、ラーメン、シネマ、本などのランキングビジネスが大流行している。それは自分で考える力を失った大衆が次々とデジタル化の波に飲み込まれ「ランク消費」に踊らされる姿が浮き彫りになっている。

デジタル化の歴史を家電製品で振り返ると、もっとも早くデジタル化の波が起きたのがオーディオ製品だが、この直線的価値基準の波に飲み込まれ、こだわりを追求していた多くの老舗オーディオメーカーは淘汰されてしまった。そしてデジタルカメラ、フラットディスプレイへとデジタル化の波は進み多くの家電メーカーは淘汰・衰退し、今度は自動車業界へとその波は波及しようとしている。

では、そのデジタル化の浸透で業界がシュリンクした後にどのような世界が待っているのだろう？　これは時計業界が参考になる。デジタル時計が台頭したこの業界では現在、50万円～200万円もする機械式時計が静かなブームとなっている（1000万円を超える時計も売れている）。当然、正確な時間を刻み、性能では申し分のないデジタル時計も機械式の10分の1から100分の1の数千円～数万円の価格で数多く出回っている。つまりデジタル化の二者択一の時代の波の後には、質やデザイン、ブランドなどを評価する3番目の選択を求めるアナログ的価値基準が復活するのである。それもかなり高価なものと評価される新時代として――。

このデジタル化の変遷は現代の我々の生き方に置き換えても示唆に富んでいる。デジタル的な価値観で生きてきた人々はその直線的価値観のなかで一部の勝ち組と大半の負け組に分類・淘汰され、最後は大半が負け組となるのが自然の摂理だろう。

社会にデジタル化の浸透がどの程度まで進んでいるかにもよるが、仮に最終段階だとすると、もっとも重要視すべき視点は機械式時計を100年以上も続けてきたスイスの老舗時計メーカーの発想ではないだろうか。製品に対するこだわりと愛情、その上でこそ成り立つ独自性や自信と責任。このスイスの老舗時計メーカーの〝アナログ的価値〟に対する絶え間ない追求が、現代のデジタル化時代を生き抜く大いなるヒントになるのである。

「長所」と「短所」という言葉があるが、「長所」は良い点、「短所」は悪い点という意味で使われる。まったく逆の意味を示すこの長・短の違いは「時間」、つまり長期・短期を示し、「短期」は「短気」、「短気は損気」と揶揄される。

山の頂上までカケッコ競走をする「ウサギと亀」の昔話でも亀に派手さはないが、絶対に後退せず、結局は途中でグウグウ昼寝をしてしまったウサギよりも山の山頂に早く着くという教えを思い出す。それでも現代はそれとは逆にスピードが最重要視される時代で亀のような「長期的思考」が悪いとまで言われる世の中だ。だが、本当に重要なのは亀のように長期的にコツコツと積み上げる思考と行動であることを、この「ウサギと亀」の昔話は教えてくれている。丸井グループの名誉会長である青井忠雄氏が社長時代に「日経ビジネス」2004年2月16日号の特集記事の中で『私の哲学は「ほどほど」。好きな言葉は「余裕」と「継続は力なり」です。少しでも前進、コツコツ積み上げていく。経営も同じです』と答えている。青井名誉会長は私が小売アナリスト時代に尊敬していた小売経営者群の1人だが、まさに経営の本質をついた指摘と言えるだろう。

「長期的なアナログ的思考」は現代のデジタル化時代を生き抜く大いなるヒントだが、それは老舗メーカーが数多く存在する「京都の発想」に繋がる。それは、目先の儲けよりも生き延びることが大事な「ちょうちん経営」であり、今、我々は「あなたはウサギ派？　それとも亀派？」と未来から問われ始めているのである。そして「フェイク」ばかりの事実の裏に隠された真実、つまり「見えないもの」に気づくにはこれまでにも何度も強調してきた世間の情報に振り回されない「自分軸」を構築することである。それには今こそ「急がば回れ」の考え方が重要なのである。

本書にはその「気付き」となる知恵やヒントを埋め込んだつもりだが、恐怖ばかりを煽る現代社会で少しでも多くの読者の皆様が「恐れない力」「怖がらない力」「怯えない力」を身につけるお役に立てることを切に願っている。

最後に、アナリストの信念を貫くことで日々苦労をかけている家族に感謝を込めて。

2018年2月

塚澤健二

●著者略歴

塚澤 健二（つかざわ・けんじ）

1960年生まれ。（株）T-Model.i 代表取締役。理系出身経済アナリスト。（社）日本証券アナリスト協会検定会員。北海道大学工学部卒業後、理系出身アナリスト第１号として、日興リサーチセンターに就職。ジャーデン・フレミング証券、J.P.モルガン証券などで、23年にわたりトップクラスのアナリストとして活躍。2007年10月に独立し、講演活動や投資コンサルタント業務で活躍。独自の経済予測モデル「T-Model」による経済分析の的確さ、未来予測の的中率の高さで人気を集めている。著書に『そして大恐慌が仕組まれる』『そして偽装経済の崩壊が仕組まれる』（以上、ビジネス社）、『トランプの破壊経済がはじまる』『未来からの警告！』（以上、集英社）、『サラリーマンは３割減る！』（ヒカルランド）などがある。

著者公式ホームページ　http://tsukazawa.com/


そしてフェイク経済の終わりが仕組まれる

2018年３月20日　　第１刷発行

著　者　塚澤　健二

発行者　唐津　隆

発行所　株式会社ビジネス社

〒162-0805 東京都新宿区矢来町114番地
神楽坂高橋ビル５階
電話 03(5227)1602　FAX 03(5227)1603
http://www.business-sha.co.jp

カバー印刷・本文印刷・製本/半七写真印刷工業株式会社
〈カバーデザイン〉大谷昌稔
〈本文DTP〉茂呂田剛（エムアンドケイ）
〈編集担当〉本田朋子　〈営業担当〉山口健志





ISBN978-4-8284-2008-0

ビジネス社の本

# 人為バブルの終わり

## 2018年、日本を襲う 超円高・株安・デフレの正体

若林栄四……著

定価　本体1500円＋税
ISBN978-4-8284-1998-5

**資源バブル崩壊が**
**資産バブル崩壊に連鎖する！**

過剰レバレッジ相場が逆回転して急降下！
そして2022年から日経平均は4倍を目指す！
米国主導経済の停滞と世界経済の末路とは？
また一歩、断末魔に近づいた⁉
美しくも残酷な予定調和に世界は収斂されていく！

**本書の内容**

第1章　アメリカの悲劇の開幕
第2章　トランプの通信簿
第3章　アベノミクスという誤謬
第4章　2022年から回復期を迎える日本経済
第5章　衰えを露呈するアメリカと怒らない日本人の現実
第6章　やがて超ユーロ高、ドル安、円安の時代がやってくる
第7章　200年雌伏していた中国のパワー
最終章　デフレが続く2020年までの心得

ビジネス社の本

# そして偽装経済の崩壊が仕組まれる

必ずやってくる第二のリーマン・ショックに備えよ

定価　本体1500円＋税

ISBN978-4-8284-1850-6

塚澤健二……著

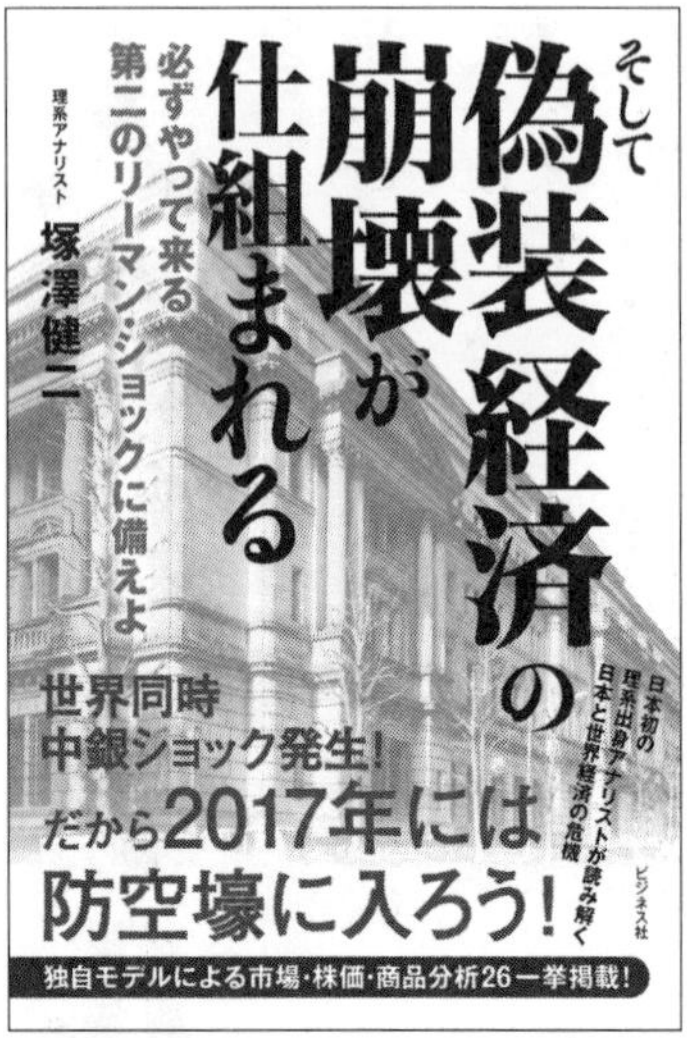


**世界同時中銀ショック発生!!**
**だから防空壕に入ろう！**

世界経済を危機に陥れる
悪夢の三点セットと著者が命名した指標がそれだ！
世界はサイクルで動いているのに、
日本経済だけは奴隷にしてはいけない！
日本初の理系出身アナリストが読み解く日本と世界経済
危機！独自モデルによる市場・株価・商品分析26一挙掲載！

本書の内容